MERIAN *live!*

W0109718

Tunesien
Djerba

Rita Henß lebt als Journalistin und
Autorin in Frankfurt. Tunesien und die
übrigen Länder des Maghreb bereist sie
regelmäßig. Das Ursprungsmanuskript
schrieb Manfred Thiele.

Inhalt

◄ Dieses Mädchen in Douz (► S. 82) präsentiert sich in traditioneller Berberkleidung.

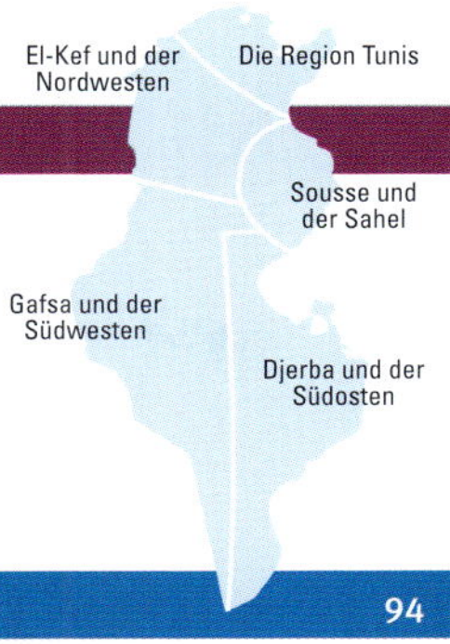

El-Kef und der Nordwesten
Die Region Tunis
Sousse und der Sahel
Gafsa und der Südwesten
Djerba und der Südosten

Unterwegs in Tunesien 34

Touren und Ausflüge 94

Wissenswertes über Tunesien 100

Karten und Pläne

Die Koordinaten im Text verweisen auf die Karten, z. B. ► S. 118, B 3.

Willkommen in Tunesien Römisches
Erbe und arabisches Flair, Berber-Bauten und Art nouveau. Dazu der Kontrast zwischen Wüste, Meer und mediterranem Grün.

Freudentriller gellen durch die Ankunftshalle des Flughafens Tunis-Karthago. Die von dicken Tränen begleiteten »youyous« der drei Frauen gelten Khelifi Habib, dem Sohn, Neffen, Bruder. Seit fast 20 Jahren hat ihn die Familie nicht mehr gesehen. »Ich war damals als Student in einer oppositionellen Partei und habe öffentlich demonstriert.« Auf illegalem Weg hat Khelifi dann seine Heimat verlassen, sich in Deutschland eine neue Existenz aufgebaut. Die Jasmin-Revolte hat den Besuch bei den Verwandten endlich wieder möglich gemacht.
Eine halbe Stunde später zeigt sich auf der Av. Bourguiba im Herzen von Tunis, wie das Volk die neue Freiheit nach dem Sturz des Diktators Ben Ali nutzt: Außer vor dem Innenministerium, wo weiträumig Stacheldraht für Abstand sorgt und Soldaten vor Panzern posieren, stehen an diesem Februartag 2011 überall Menschen zusammen und diskutieren. Besonders dicht ist die Menge vor dem Theater. »Hierher kommt inzwischen jeder, der etwas sagen will zur Entwicklung in unserem Land«, erklärt ungefragt eine junge Frau. Ende 2011 ist der Platz vor dem Palais Bardo, dem Gebäude der Verfassungsgebenden Versammlung, neuer Treffpunkt für Tausende von Befürwortern und kritischen Beobachtern der wenige Tage zuvor gebildeten Interimsregierung.

◄ Die Medina von Kairouan im Abend-
licht, im Hintergrund rechts das Minarett
der Großen Moschee (► S. 61).

Orient trifft Okzident

Ein Land im Aufbruch, Vorreiter des
arabischen Frühlings. Mit einer weit
in die Antike zurückreichenden Geschichte – auch und gerade geprägt
von den Einflüssen Europas. Allein
sieben UNESCO-Welterbestätten legen davon Zeugnis ab. Vom Cap Bon
reicht der Blick bei gutem Wetter bis
hinüber nach Sizilien. Da wundert es
nicht, dass römische Tempel, Wasser-
leitungen, Mosaike im ganzen Land
zu entdecken sind – und sogar ein
gigantisches Kolosseum. Dass »makrona« bzw. »macaron«, also Nudelgerichte, auf vielen Speisekarten
stehen, gleichberechtigt neben dem
Couscous. Dass Wellness einen großen Stellenwert hat – vom Dampfbad
bis zur Thalassotherapie.
Tunesien verfügt über 1300 km Mit-
telmeerküste; an den feinsandigen
Stränden paart sich Luxushotellerie
mit familiären Unterkünften. Im
Norden mit den Ausläufern des Atlas-
gebirges zeigt die Natur ein mediter-
ranes Bild, mit Wiesen, Weinbergen,
Wacholderbäumen, Aleppo-Kiefern
und Korkeichenwäldern. Das Cap
Bon im Westen ist das Dorado der
Orangenblüten-Destillateure – und
der Jäger, die, wie schon die alten Römer, mithilfe von Sperbern und Fal-
ken Kleinwild jagen. Aquliaria hieß
die Gegend in der Antike – Land der
Adler. Im Süden umarmt die endlose
Wüste üppige Oasen. Eindrucksvoll
schimmern die Dünen des Großen
Ergs im Licht der ersten oder letzten
Sonnenstrahlen. Quirlige Urlaubszie-
le wie Hammamet, Sousse oder Djerba gehören ebenso zur Szenerie des
Landes wie das geschichtsträchtige
Kairouan, die Kerkennah-Inseln, der
Nationalpark Ichkeul, die Salzebene
des Chott el-Djerid oder das schon
von Künstlern wie Macke und Klee
gerühmte Örtchen Sidi Bou Saïd.

Fortschritt und Revolution

Nicht nur dort entfaltet im nachrevo-
lutionären Tunesien auch die Kunst
ihre neue Freiheit. »Street Art« blüht
allerorten, wie etwa jene von Faten
Rouissi, die verbrannte Autos des
Ben-Ali-Clans von Kollegen und An-
wohnern bemalen ließ, oder wie das
Projekt »Inside Out« des Fotogra-
fenkollektivs Artocracy mit Porträts
tunesischer Bürger, an Stellen, wo
zuvor das Antlitz von Präsident Ben
Ali allgegenwärtig war. Themen wie
Umweltschutz und Nachhaltigkeit
werden ebenfalls verstärkt diskutiert.
Tunesien war jedoch schon vor der
Jasmin-Revolution in vieler Hinsicht
eines der fortschrittlichsten Länder
im arabischen Raum – aus welchem
politischen Kalkül auch immer. Bereits 1957, mit Inkrafttreten des neu-
en Personenstandrechts, verbesserte
sich u.a. die Stellung der Frau; Viel-
ehe, Verstoßung, religiöse Gerichts-
barkeit wurden abgeschafft. Heute
gibt ein modernes Scheidungsrecht,
allein erziehende Mütter sind zumindest in Städten keine Seltenheit mehr,
und in der Arbeitswelt finden sich
Frauen auch in leitenden Positionen.
»Wenn sich das Volk erhebt, muss
sich das Schicksal seinem Willen
fügen«, heißt es in der von Abou
El-Kacem Chebbi um 1930 geschrie-
benen Nationalhymne. Gut ein Drei-
vierteljahrhundert später wurden die
Worte des Dichters aus Tozeur Wirk-
lichkeit: Tunesien erlebt die ersten
freien Wahlen seiner Geschichte.

MERIAN-TopTen MERIAN zeigt Ihnen die Höhepunkte des Landes: Das sollten Sie sich bei Ihrem Besuch in Tunesien nicht entgehen lassen.

 Medina von Tunis
UNESCO-Welterbe voller Alltagscharme, sehr volkstümlich und teilweise behutsam aufpoliert (▸ S. 38, 41).

 Musée du Bardo, Tunis
Afrikas schönste Mosaiken aus römischer Zeit sind im modernen Anbau des Palais du Bey zu sehen (▸ S. 38).

 Karthago
Zeugnisse aus punischer und römischer Zeit – quasi übereinandergeschichtet. Bis ins 9. Jh. v. Chr. reichen die Fundamente zurück (▸ S. 46).

 Sidi Bou Saïd
Weiße Mauern, blaue Türen, steile Gassen – der Küstenort bezauberte schon Maler wie Klee und Macke (▸ S. 47).

 El-Djem
Von antiker Pracht zeugt das Kolosseum, einst das drittgrößte des gesamten Römischen Reiches (▸ S. 59).

 Kairouan
Eine der vier heiligen Städte des Islam mit einer Vielzahl eindrucksvoller Monumente und 1988 zum UNESCO-Weltkulturerbe erhoben (▸ S. 59).

 7 La Ghriba, Erryadh

Vor Urzeiten errichteten jüdische Priester in Erryadh eine Synagoge, die alljährlich Ziel einer Wallfahrt ist (▸ S. 78).

 8 Chott el-Djerid

Nichts als Salz und Sand, so weit das Auge reicht. Mehr als 170 km lang und gut 60 km breit ist der legendäre Salzsee zwischen den Oasen Douz und Tozeur (▸ S. 81, 84).

9 Tozeur

Oasenstadt mit wunderbarer Ziegelarchitektur, umgeben von endlosen Dattelpalmenhainen, ebenso wie das benachbarte Nefta (▸ S. 84).

10 Dougga

Tunesiens bedeutendste römische Ruinenstätte – umgeben von Wiesen und Olivenhainen (▸ S. 89).

MERIAN-Tipps Mit MERIAN mehr erleben.
Nehmen Sie teil am Leben des Landes und entdecken Sie Tunesien, wie es nur Einheimische kennen.

 La Falaise bei Tunis
Schaut man von diesem Restaurant hinaus aufs Meer, wähnt man sich als Gast auf einem Schiff (▶ S. 16).

 La Chambre Bleue, Tunis
Mitten in der Medina haben Sondos und Marwen ein ungewöhnliches B & B eingerichtet – mit nur einem großen Gästezimmer (▶ S. 40).

 Marché Central, Tunis
Täglich frisches Gemüse und Obst, leckere Meeresfrüchte und auch sonntags auf – in einer schönen Halle (▶ S. 42).

 Kunst hautnah, Sidi Bou Saïd
Im Galerie-Atelier von Faten Rouissi in einem typischen Altstadthaus sind Besucher stets willkommen (▶ S. 48).

 Tee beim Brunnen, Kairouan
Neben dem Schöpfrad, das das »heilige« Wasser des Bir Barouta zutage fördert, lockt ein reizvolles Café (▶ S. 61).

 Höhlengenuss, Douiret
In seinem Geburtsort serviert der junge, engagierte Berber Raouf Couscous und andere Köstlichkeiten – authentischer geht es kaum (▶ S. 68).

3

7

Dar Bibine, Erryadh

Design trifft Tradition – aus einem einstigen Privathaus haben die neuen Besitzer ein zeitgenössisches Juwel für Gäste gemacht (▸ S. 77).

8

Café Culturel, Tozeur

Ein Musiklehrer lebt seine Passion: In einem traditionellen Medina-Haus vermittelt Mondher Abbes regionale Kultur (▸ S. 85).

9

Traumstraße in der Kroumirie

Dicht bewaldete Berge und üppige Wiesen säumen die Panoramastraße von Aïn Draham nach Beja (▸ S. 91).

10

Kräuterhonig, Jendouba

Im Nationalpark El-Feija wurden Familien zu Imkern ausgebildet, die nun köstlichen Thymian-, Raps- oder Rosmarinhonig »ernten« (▸ S. 92).

4

7

Das Café des Andalous (▶ S. 93) in
Tabarka mit seinen prachtvollen Kacheln
gilt als eines der schönsten des Landes.

Zu Gast **in Tunesien**

Wer mehr vom Land weiß, kann seinen Urlaub besser planen. Hier zahlreiche Tipps, wo man gut schläft und gut isst, wo man Sport und Kultur genießen kann oder Vergnügen mit der ganzen Familie findet.

Übernachten
In verschwenderischem Luxus
wohnen oder in kargen Höhlen – das Land bietet eine
reichhaltige Palette. In jüngster Zeit eröffneten zudem
Designhotels, B & Bs oder ländliche Unterkünfte.

◄ Das von Gärten umgebene, weitläufige Hotel Hasdrubal Thalassa (▶ S. 51) in Hammamet lässt keine Wünsche offen.

Der Standard der Hotellerie in den Urlauberhochburgen hält jedem Vergleich mit Europa stand. Oft bemüht man sich um eine landestypische architektonische Gestaltung, die andalusische Farbkombination Weiß-Blau dominiert. Gebaut werden seit geraumer Zeit fast nur noch Luxusherbergen für ein breites internationales Publikum. Die Ausstattung der Zimmer entspricht dem neuesten Stand, und die Hotelanlagen gleichen sich oft wie ein Ei dem anderen: mehrere Restaurants, zwei Swimmingpools, Discos für Erwachsene und für Kinder, Spielplätze, Kinderbecken usw. Dazu natürlich Läden, Boutiquen, Cafés. Hotels mit familiärer Atmosphäre leben fast nur noch in der Drei-Sterne-Kategorie weiter. Die Zahl der Betten in den ca. 800 Hotels hat inzwischen die 250 000-Marke erreicht.

Günstige Winterpreise

Die Hotels sind in **Kategorien** von fünf Sterne bis n. c. (nicht klassifiziert) eingeteilt. Die Zuweisungen nimmt das staatliche Ministerium für Tourismus vor, die Wertungen lassen jedoch oft Fragen nach den Kriterien aufkommen. Das trifft besonders auf die Drei-Sterne-Hotels zu. Erstaunliche und kaum nachvollziehbare Unterschiede gibt es auch bei den **Preisen**, die übrigens durchaus flexibel gehandhabt werden. Die an den Hotelrezeptionen angeschlagenen Beträge gelten pro Person im Doppelzimmer. Wer ein Doppelzimmer allein bewohnen möchte – Einzelzimmer gibt es fast nicht –, zahlt ein »single supplément«, das ebenfalls auf der Liste steht.

Entlang der Küste sind die Preise zudem nach der jeweiligen Saison gestaffelt. In manchen Orten, wie Tunis, Tozeur, Nefta und El-Kef beispielsweise, ändern sich die Preise jedoch nicht. An der Küste locken die Unterkünfte – und zwar nicht erst seit den Umwälzungen von 2011 – in der Zeit vom 1. November bis Ende März mit sehr großen Nachlässen, teilweise werden bis zu 60 % gewährt. Hunde sind – wie in den meisten islamischen Ländern – generell nicht erwünscht.

Die tunesische Küche in den kleinen Straßenlokalen ist so schmackhaft und reichhaltig, dass man möglichst nur Halbpension buchen sollte. In den Hotels der gehobeneren Kategorie findet man im Allgemeinen auch ein Restaurant, das à la carte serviert. Das Frühstücksbuffet ist stets reichhaltig und entspricht durchaus europäischen Ansprüchen.

Meist sind die Hotels nicht ausgebucht – außer in touristischen Zentren während der Hauptreisezeit. In abgelegenen Orten kann es aber passieren, dass eine Reisegesellschaft plötzlich sämtliche Zimmer für die darauffolgende Nacht besetzt.

Von Aïn Draham im Norden bis Medenine im Süden laden mehr als zwei Dutzend »auberges de jeunesse« junge Gäste ein; die Übernachtung kostet dort zwischen 10 tD (Schlafsaal) und 18 tD (Zweibettzimmer).

Empfehlenswerte Hotels und andere Unterkünfte finden Sie bei den Orten im Kapitel ▶ Unterwegs in Tunesien.

Preise für ein Doppelzimmer mit Frühstück:

€€€€ ab 300 tD	€€ ab 100 tD
€€€ ab 200 tD	€ bis 100 tD

Essen und Trinken Tunesien ist
bekannt für frische Meeresfrüchte und raffiniert gewürz-
te Fleischgerichte. Dattelgebäck, regionaler Wein und
Feigenschnaps runden die kulinarische Palette ab.

◄ Kleine Pause in der Medina von Tunis (▸ S. 38). Der kräftig duftende Pfefferminztee ist Tunesiens Nationalgetränk.

Tunesien bietet eine breit gefächerte Auswahl an Restaurants aller Klassen, von luxuriös bis volkstümlich. Meeresfrüchte stellen die besondere Spezialität des Mittelmeeranrainers dar, von Crevetten bis zum Schwertfisch sind alle Delikatessen des Meeres vertreten, meist frisch, manchmal aber auch eingefroren, so etwa häufig der Oktopus. Fleischgerichte, besonders mit Lamm, sind fast immer sehr schmackhaft und aus tagesfrischer Ware. Die Preise in den Luxusrestaurants steigen von Jahr zu Jahr, beim Service sind oft Verbesserungen möglich. Häufig findet man am Eingang ein kleines Mosaik, das die vom Tourismus-Ministerium zuerkannten Gabeln zeigt: ein Hinweis auf die Präsentation, nicht jedoch auf die Qualität der Gerichte.

Brik, Couscous & Co.

Die tunesische Küche ist meist recht pikant gewürzt. Liebhaber scharfer Speisen können »Harissa« hinzufügen, einen Brei aus Chilipfefferschoten mit Knoblauch und Olivenöl, der extra zum Essen serviert wird.

In größeren Städten und in den Urlauberregionen haben die Restaurants stets eine gemischte Speisekarte aus tunesischen und internationalen Spezialitäten. Als **Vorspeise** werden gern Salate in verschiedenen Zubereitungsformen und mit unterschiedlichen Gemüsearten angeboten – sowie immer »Schorba«, eine kräftige Suppe. Eine Spezialität ist »Brik«, eine in heißem Fett gesottene Teigtasche aus hauchdünnem Blätterteig, mit Ei und Thunfisch, Crevetten oder Hackfleisch gefüllt, die man auch in Schnellimbisslokalen bekommt.

Klassisches Gericht ist der Couscous, über Dampf zubereiteter Hartweizengrieß mit gekochtem Gemüse und Fleischstücken (seltener Fisch). Diese Köstlichkeit der arabischen Küche gibt es in allen Maghreb-Staaten.

Tunesien ist ein idealer Ort für Liebhaber von Meeresfrüchten. Im ganzen Land gibt es Fisch in ausgezeichneter Qualität. In den Küstenregionen stehen auch andere, oft sehr raffiniert zubereitete Meeresfrüchte wie Calamari, Crevetten und Tintenfische (»poulpe«) auf dem Speisezettel.

Die Palette tunesischer **Kräuter** und **Gewürze** ist ausgesprochen breit und vielfältig – in Restaurants wird allerdings nur ein Bruchteil davon verwendet. Sehr beliebt ist insbesondere der bei uns kaum bekannte, sehr geschmacksintensive Kreuzkümmel (»Kamun«). Dazu kommen der nie fehlende Knoblauch, Selleriekraut, Safran, frische Minze, Lorbeer und köstliches Olivenöl, das sich auch gut als Mitbringsel eignet.

Neben »Brik« und Couscous erscheinen natürlich noch einige weitere Gerichte regelmäßig auf den Speisekarten. Die wichtigsten seien im Folgenden kurz angeführt.

Mechouia: ein scharfer Brei aus gebratenen Tomaten und Paprika und klein gehackten Eiern. Das Gemüse wird gegrillt und gibt dem Ganzen eine dunkle Farbe.

Merguez: kleine, scharfe Würstchen aus Rind-, seltener Hammelfleisch.

Oja: Ratatouille, meist mit Ei oder einem bestimmten Gemüse, sehr oft auch als Beilage zum Hauptgericht.

Salade Tunisienne (tunesischer Salat): klein gehackter Rohkostsalat entsprechend der Saison.

MERIAN-Tipp 1

LA FALAISE ▶ S. 119, D 3

Sitzt man in einem der bequemen Stühle in dem alten Fachwerkhaus oder auf der Terrasse davor und blickt aufs Meer, meint man, Gast auf einem Schiff zu sein. Gleich hinter der Edelgaststätte fällt die Küste steil ab, das Haus liegt auf einer »falaise« (Klippe). Appetitanreger eröffnen das Menü, bei dem Meeresfrüchte die Hauptrolle spielen. Die Preise liegen etwas unter denen vergleichbarer deutscher Restaurants.
Tunis, La Marsa Corniche, Rue Sidi Dhrif (nähe Endstation Metro TGM) • Tel. 71/74 78 06 • durchgehend geöffnet • €€€

Tajine: Eierpastete mit Fleisch, heiß und – anders als in Marokko – auch kalt in einem runden Schmorgefäß aus Lehm serviert.

Wasser & Wein

Getränk Nummer eins ist **Mineralwasser**, das jeder Tunesier automatisch zum Essen bestellt. Die landeseigenen Quellwasser sind sehr gut, fast ohne Geschmack, erhältlich ohne oder mit wenig Kohlensäure. Limonaden und Colas nennt man sowohl beim Markennamen als auch unter der Sammelbezeichnung »boissons gazeuses« (kohlensäurehaltige Getränke). Sie verfügen zumeist über ein nicht ungewohntes, künstlich schmeckendes Aroma.
Die beiden **Biermarken** Stella und Celtia unterscheiden sich im Grunde nur in der Abfüllung: Die erste gibt es in großen, die andere in kleinen Dosen und Flaschen. Zudem wird Löwenbräu-Bier in Lizenz gebraut.
Tunesien bietet eine sehr umfassende Auswahl an **Weinen**, was sich eher in den großen Supermärkten dokumentiert als in den Restaurants, die meist nur ein kleines und häufig das gleiche Angebot haben. Produziert werden die lokalen Weine vornehmlich in der näheren Umgebung von Tunis, die Trauben selbst stammen aber auch aus anderen nördlichen Landesteilen. Besonders preiswert ist der rote Mornag, zur Spitzenklasse der Rotweine zählen Sidi Saad und Vieux Magot. Nur wenige Marken wie der recht teure Saint Augustin haben rote, weiße und Rosé-Weine im Sortiment. Unter den gängigen und in allen besseren Gaststätten erhältlichen Weißweinen sei hier besonders der feinwürzige Muscat de Kelibia empfohlen.
Der recht kräftige Feigenschnaps Boukha eignet sich nicht nur als ein dem Grappa ähnlicher Digestif, sondern auch als gehaltvolles Mitbringsel. Ausländische Spirituosen sind in der Regel sehr teuer.
Der **Kaffee** kommt den französischen Gewohnheiten sehr nahe und schmeckt etwas bitter. Wer das nicht mag, ist mit einem Milchkaffee sehr gut bedient. Vorzüglich ist der arabische Kaffee, den man in allen guten Restaurants erhält. Er entspricht »unserem« türkischen Kaffee. Nach Tunesien kam der Kaffee lange vor der osmanischen Besetzung: Bereits um 1230 hatte der Sufi-Gelehrte Al-Hassan Ech-Chadli das Getränk von einer Jemenreise mitgebracht.
Der **Tee** (das Rohprodukt stammt aus Fernost) wird durch stundenlange Köchelei bitter. Die Pfefferminzblättchen, mit denen er oft serviert

Minztee und stimmungsvolles Ambiente – ein Besuch des berühmten Café des Nattes (▶ S. 48) im Künstlerdorf Sidi Bou Saïd ist unbedingt zu empfehlen.

wird, sind reine Dekoration und mildern den bitteren Geschmack kaum. In manchen Cafés wird der Tee mit Pinienkernen serviert.

Volkes Küche

Die tunesischen Städte sind voller volkstümlicher **Restaurants** und **Imbissstuben**, hier »Fast food« genannt. Originale tunesische Küche wird man nur dort finden, etwa die geschmacksintensive breiige »Mluchia«, die kein Touristenrestaurant auf den Tisch bringen würde, oder die beliebten »Makrona«, worunter man alle Nudelgerichte versteht. Die Imbissstände werden vorzugsweise am frühen Abend aufgesucht. Neben dem genannten »Brik« bieten sie Frikassees an, eine Art Schaumgebäck, das mit Thunfisch und Gemüse und natürlich »Harissa« gefüllt wird. Andere verkaufen »Heißes Brot«, zwei mit einer scharfen Paste gefüllte, zusammengerollte Omeletts – alles natürlich frisch vor den Augen des Kunden zubereitet. Für den schnellen Hunger gedacht sind auch die von fleißigen Hausfrauen an manchen Straßenecken angebotenen »Mlauwis«, noch warme Omeletts aus Mehl und Salz. Und alles zu einem Minipreis von unter 50 Cent. Freilich – für diese Leckereien muss man schon mal die Hauptstraße verlassen und sich in die einfacheren Stadtviertel begeben, wo sich der Duft von Gebackenem mit jenem des Viertels vermischt.

Empfehlenswerte Restaurants finden Sie bei den Orten im Kapitel ▶ **Unterwegs in Tunesien.**

Preise für ein Hauptgericht:

€€€€ ab 25 tD	€€ ab 10 tD
€€€ ab 15 tD	€ bis 10 tD

grüner
reisen

Wer zu Hause umweltbewusst lebt, möchte dies vielleicht auch im Urlaub tun. Mit unseren Empfehlungen im Kapitel grüner reisen wollen wir Ihnen helfen, Ihre »grünen« Ideale an Ihrem Urlaubsort zu verwirklichen und Menschen zu unterstützen, denen ein verantwortungsvoller Umgang mit der Natur am Herzen liegt.

Vorreiter im Maghreb

Die Bilder waren auch hierzulande zu sehen: Nach der Jasmin-Revolution schlossen sich überall in Tunesien Menschen zusammen, um ihre Stadt oder ihre Umgebung aufzuräumen, zu säubern. Erste Ansätze für einen bewussteren Umgang mit der Natur und ihren Ressourcen gibt es in dem Land allerdings schon seit geraumer Zeit. 1992 schuf Tunesien das erste Umweltministerium in der arabischen Welt. Ende der Neunziger wurde eine nationale Strategie zur Förderung der ökologischen Landwirtschaft eingeführt. Fünf internationale Kontrollorganisationen zertifizieren seither tunesische Produkte, die Bio-Anbaufläche wuchs von 18 000 auf rund 285 000 ha. Geplant bis 2014 sind 500 000 ha. In Öko-Qualität gibt es u. a. bereits Gemüse, Getreide, Datteln, Olivenöl, Honig, Mandeln und Kosmetik. Noch geht das Gros in den Export; die neue Messe Bio-Expo zielt aber auch auf einheimische Kunden. 2001 ging in Sidi Daoud am Cap Bon die erste Windkraftanlage in Betrieb, rund zehn Jahre später jene von El-Alia bei Bizerte; weitere sind geplant. Die Sonne ist ebenfalls eine wichtige Energiequelle im Land – daher hat u. a. die Wüstenstrominitiative Desertec jüngst ihre Aktivitäten in Tunesien verstärkt.

ÜBERNACHTEN

Dar Hi ▸ S. 120, A 6

Öko trifft Design: Pool und Hammam werden über geothermische Quellen beheizt, Obst und Gemüse stammen aus der Region, in der Küche bereiten Frauen aus dem Ort lokale Köstlichkeiten, verwendet wird dabei nur Bio-Öl. Das Ganze in einem Ambiente zwischen traditioneller Speicherburg und Siebzigerjahre-Retro-Chic. Das Haus am Rand der einzigen Trichteroase des Landes ist ausschließlich mit einheimischen Materialien erbaut und ausgestattet. Es bietet 17 Zimmer in drei Kategorien – vom Stelzenhaus (Piloti) über höhlenartige Räumlichkeiten (Troglodythe) bis hin zu Suiten im Stil luxuriöser Wüsten-Biwaks (Dunes). Nefta, Quartier Ezzaouira • Tel. 21/67 42 98 • www.dar-hi.net • €€€€

Dar Zaghouan 👤👤 ▸ S. 119, D 3

Ein Ex-Banker hat den Hof seiner bäuerlichen Vorfahren in eine der ersten Öko-Ferienadressen des Landes verwandelt. Solarpaneele sorgen für warmes Duschwasser in den neun rustikalen Zimmern und Suiten, ein eigener Brunnen speist die beiden kleinen Pools, deren Nass wiederum nach einer Woche zum Gießen benutzt wird. Pfirsiche, Orangen, Zitronen, Birnen, Tomaten, Auberginen und eine Fülle von Kräutern gedeihen in Monsieur Zribis Garten, und alles bereichert die Gästetafel, die das Haus auch für jene öffnet, die nicht dort übernachten. Viele der Hofgewächse werden überdies zu Destillaten verarbeitet. Wer mag, kann den Vorgang in einem Workshop kennenlernen, ebenso wie die Zubereitung von Käse. Kinder dürfen Kühe und Pferde in ihren Ställen füttern. Mutige kleine oder große Besucher klettern auf den Rücken eines Esels, in den Pferdesattel oder auf den Kutschbock und zockeln durch die wildromantische Landschaft zu Füßen des Zaghouan-Gebirges. 13 Dorfbewohnern gibt das Agro-Tourismus-Projekt inzwischen ganzjährig Arbeit. Etwa 2 km außerhalb des Zentrums von Zaghouan, gegenüber dem Krankenhaus, etwa 200 m vom Abzweig der Route Rouaiguia • Mobil 24/30 93 09 • www.darzaghouane.com • €/€€

L'Autre Désert Tunisie ▸ S. 120, B 6

Solardusche, Trockentoiletten, Strom aus Sonnenenergie und Abfall-Recycling: Die Eigentümer der ländlichen Unterkunft am Höhensaum der Sahara, Lotfi und Véronique, nehmen das Thema Ökologie wirklich ernst. Sie wohnen selbst vor Ort, auf diesem Stück Land ihres Berberstammes, und vermieten zwei einfache, traditionelle Doppelzimmer und nochmals vier Schlafmöglichkeiten im gemeinsamen Salon in einem aus lokalen Materialien gebauten Haus (Steine aus dem Oued, Lehm, Sand, Erde, Palmholz) sowie ein Berberzelt (sechs Schlafsack-Plätze) und drei Biwak-Zelte (je zwei Plätze). Gemeinsam mit der lokalen Bevölkerung bieten die Gastgeber auch Koch-, Web- oder Töpferkurse sowie Jagd- und Wandertouren an. In der Nähe des Dorfs Mdhilla, etwa auf halbem Weg zwischen Chott el-Djerid und Gafsa • Tel. 24/77 50 80 • www.lautredesert.com • €

ESSEN UND TRINKEN

Ksar Ezzit 👤👤 ▸ S. 119, D 3

Viktoria Hassouna empfängt ihre Gäste gern bei frischem Karotten- und Orangensaft auf der Restaurantterrasse oberhalb des ersten Öko-Swimmingpools von Tunesien. »Seine

Sauberkeit garantieren einzig wasser-reinigende Pflanzen« erläutert die gebürtige Dortmunderin, die gemeinsam mit ihrem tunesischen Mann Lassaad eine der größten biologischen Olivenplantagen des Landes betreibt. Auf dem 440 ha großen Gelände liegen zudem sieben Gästehäuser (42 Betten) in verschiedenen, landestypischen Architekturstilen. Zudem leben auf dem Areal Pferde, Esel, Hühner, Strauße, Rinder und Bienenvölker. Im Restaurant des Ksar Ezzit stammen »alle Zutaten ausnahmslos von unserem Bauernhof sowie aus unseren Obst- und Gemüsegärten«. Alle Produkte haben Bio-Qualität, der Honig ist der erste zertifizierte Tunesiens. Gewonnen wird er in handgeflochtenen Bienenkörben.
Jougar • Tel. 72/31 73 14 • www.ksar-ezzit.com • €€/€€€

EINKAUFEN

Bio-Datteln   ▸ S. 120, A 6

Rund 1 Mio. Dattelpalmen wachsen in und um Tozeur – meist ohne künstliche Hilfsmittel. Vor allem in der kleinbäuerlichen Anbaustruktur hat Ziegen- oder Schafsmist den Kunstdünger weitgehend (wieder) ersetzt. Lediglich die biologische Unkrautbekämpfung stellt für die Dattelbauern noch eine größere Herausforderung dar. In den kleinen Oasen Bargouthia und Derjine pflegen rund 80 Dattelbauern ihre Palmgärten inzwischen fast ausschließlich nach traditioneller Manier – unterstützt von der Schweizer Organisation gebana. Zwischen 0,5 und 2 ha beträgt hier in der Regel die individuelle Landfläche, geerntet werden pro Hektar zwischen fünf und zehn Tonnen Früchte, und zwar der besten Sorte »Deglet Nour« (Sonnenfinger). Bezogen werden können die Bio-Datteln direkt vor Ort – oder an der kleinen Markthalle von Tozeur.
Tozeur, Av. Habib Bourguiba (hinter dem Brunnen an der Bank)

Blütendestillate   ▸ S. 121, D 6

Monsieur Turkis kleiner Kiosk im Souk des djerbischen Hauptstädtchens ist meist nur vormittags geöffnet. Der grauhaarige Herr trägt stets einen weißen Kittel über der Kleidung und hat im Wandregal hinter sich nur ein paar eckige Flaschen aufgereiht. Selbst gemachtes Orangenwasser ist dort abgefüllt. Winzige Apothekerfläschchen enthalten ihre Basis: das konzentrierte Blütenöl, das Turki seit Jahrzehnten destilliert. Bald geht er in Rente – aber seine Enkelin will fortan das Metier ergreifen und den Kiosk weiterführen.
Houmt Souk, im Gewürzsouk • Tel. 98/26 36 23 • E-Mail: ananturki@gmail.com

Objekte aus Halfa   ▸ S. 120, B 5

Körbe, Matten, Gefäße, Teppiche – alles flechten, knoten und knüpfen die Menschen in Tunesien aus Halfagras. Die Naturfaser ist vor allem in der Region um Kasserine weit verbreitet. 2008 gründete daher Taoufik Saoudi dort Zazia, ein Unternehmen, in dem Künstler und Kunsthandwerker gemeinsam die alte Berber- und Saharakultur der Faserverarbeitung weiterführen und weiterentwickeln. So entstehen inzwischen auch Handtaschen, Gürtel, Geldbörsen oder Sandalen aus dem Naturprodukt (das auch nur mit Naturfarben eingefärbt wird). Seit Sommer 2010 paart Zazia das Halfagras auch mit Leder und bietet zudem Kelims und Mergums an. Taoufik Saoudi hat zeitgleich mit Zazia auch ein Halfa-Festival ins Leben gerufen und plant einen Vorstoß in den Kunsthandwerkstou-

Datteln haben wertvolle Inhaltsstoffe und gelten nicht umsonst als »Brot der Wüste«. In Tozeur ist die Edelsorte »Deglet Nour« nun auch in Bio-Qualität zu haben (▶ S. 20).

rismus (z. B. eine Woche Handwerker besuchen) für die Region Kasserine. www.zazia-artisanat.com

Sahara-Schuhe   ▶ S. 120, C 7

Am südlichen äußeren Rand des von alten Tamarisken bestandenen Markt-platzes von Douz haben die Schuh-macher ihr Reich. Mehrere winzige Werkstätten reihen sich aneinander, oft wird direkt vor der Tür gearbeitet. Das meistgefertigte Produkt sind Ba-bouschen, die typischen, in der Regel naturfarbenen, mit einem Ton-in-Ton-Ornament auf der Lasche verzierten Lederpantoffeln für die Wüste. Ihre Sohlen müssen aus drei Schichten bestehen: Ziegenleder, Rindsleder, Kamelleder. Ben Abdelati Boubaker Ben Ameur arbeitet in seiner Werkstatt für Sahara-Schuhe fast ausschließlich mit leicht behinderten Menschen.

Douz, vor dem Südtor zum Markt die erste Werkstatt auf der rechten Seite

AKTIVITÄTEN

Dar Souleiman   ▶ S. 120, C 7

Marie-Gil und Ali haben aus Passion für die Wüste am Stadtrand von Douz ihr ausschließlich mit Materialien aus der Gegend und lokaler Hand-werkskunst ausgestattetes Haus für Gäste eröffnet (seit 2011 mit zwei zusätzlichen kleinen Suiten) und bie-ten Kameltouren an, die quasi direkt vor der Tür beginnen. Die Meharis des franko-tunesischen Paars stehen in Sichtweite. Es geht, je nach Wunsch, für zwei, drei oder fünf Tage und bis zu zwei Wochen hinaus in die Weiten des Grand Erg Oriental. Marie-Gil spricht übrigens auch Deutsch. Tel. 75/47 42 67 bzw. 23/71 37 04 • www.randomadaire.com

Einkaufen
Tunesische Souvenirs sind nicht nur schön anzusehen, sondern oftmals auch recht praktisch. Die Auswahl reicht von Keramik über Olivenöl und Naturschwämme bis hin zu Harissa und Blütenwasser.

◄ Ein Fest der Farben und Düfte erlebt der Besucher bei den Gewürzhändlern im Souk von Nabeul (► S. 52).

Die einheimische Konsumgüterproduktion deckt inzwischen fast alle Bereiche des täglichen Lebens ab. Manches wird in Lizenz hergestellt, viele Dinge sind jedoch rein tunesischen Ursprungs. Schwierigkeiten gibt es allenfalls in der Versorgung der einzelnen Landesteile. Obst und Gemüse findet man in den Anbaugebieten meist in besserer Qualität und größerer Vielfalt als in entlegeneren Regionen. Angeboten werden Saisonobst und -gemüse, in größeren Städten manchmal Bananen und Ananas. Die Preise für Grundnahrungsmittel (Brot wird stark subventioniert) sind sehr niedrig und überall gleich.

Bummeln in den Souks

Die **Lederindustrie** bietet eine vielseitige Palette von Schuhen, Jacken, Taschen etc. zu günstigen Preisen an. Empfehlenswert sind vor allem Schuhe, die sich von der Qualität her durchaus mit wesentlich teureren Produkten in Europa messen können. Die tunesische Textilindustrie genießt einen guten Ruf. Durch Exportaufträge hat sich auch die Qualität der Produkte für den lokalen Markt verbessert. In den Großstädten gibt es zum Teil recht elegante Boutiquen. Die malerischen **Medinas** (Altstädte) mit ihren farbenprächtigen **Souks** (Märkten) laden immer wieder zum Bummeln ein. Die hier angebotenen Waren unterliegen nur sehr beschränkt einer Kontrolle. Vor dem Kauf wertvoller Gegenstände wie Schmuck und Teppichen sollte man sich erst bei mehreren Händlern umsehen. Auf alle Fälle bieten die Medinas ein großes Sortiment an Erzeugnissen des traditionsreichen tunesischen Kunsthandwerks.

Schön und praktisch

Mit einer echten Korallenkette erwirbt man ein landestypisches Souvenir von der Nordküste Tunesiens. Schön sind Schals (»foulards«) oder die langen Männertücher der Wüstenregion (»chèche«) und traditionelle Hammamtücher (»futah«). Der sogenannte **Berberschmuck**, den man allerorten findet, hat mit den Berbern nur den Namen gemein. Besonders junge Leute tragen gern diese nach traditionellen Motiven angefertigten Ketten, Ohrringe und Armreife aus Silber oder Messing. Wer sich auskennt, kann auch Goldschmuck zu einem wesentlich geringeren Preis als bei uns erwerben. Die orientalische Lust auf Buntes manifestiert sich besonders in der **Keramik**. Zentrum der Produktion ist Nabeul, in dessen Souk sich ein Laden an den anderen anschließt. Die gleichen Schüsseln, Schalen, Teller, Tassen werden aber auch in den meisten anderen Bazaren verkauft. Besonders vielfältig sind die Stände und Läden auf der Insel Djerba. Freunde einer guten Küche sollten nicht das tunesische **Olivenöl** vergessen. Es ist von ausgezeichneter Qualität und preisgünstig. Eine typische Spezialität ist »Harissa«, ein scharfer roter Brei aus Paprika, etwas Knoblauch und Olivenöl. Gute Qualität wird lose oder in kleinen Glasdosen verkauft und ist an der tiefroten Farbe und den Kernen zu erkennen.

Empfehlenswerte Geschäfte und Märkte finden Sie bei den Orten im Kapitel ► **Unterwegs in Tunesien.**

Einmaleins des Teppichkaufs

Im Gewirr der Souks nach bunten Kelims und Mergums zu stöbern, ist ein Erlebnis für die Sinne.

»Die Mühe ist zu Ende«, rief Kamla nach alter Tradition aus, als sie nach zweijähriger Arbeit endlich ihr Werk vollbracht hatte: einen Teppich von höchster künstlerischer Qualität, eine wunderbare Komposition aus Farben, gewonnen aus natürlichen Substanzen, und bestechend schönen geometrischen Mustern. Es war im Jahr 1858, und Kamla, Tochter des türkischen Gouverneurs von Kairouan, Chaouchi, hatte das neue Zeitalter der Teppiche von Kairouan eröffnet – jener Stadt, die, wie schon vor vielen Hundert Jahren, als Zentrum der tunesischen Knüpfkunst berühmt war.

Nach Tunesien waren die Teppiche schon in der Antike gekommen. Die Phönizier brachten sie aus ihrer kleinasiatischen Heimat mit, als sie um das Jahr 1000 v. Chr. unweit von Karthago an Land gingen. Die Vorgänger jener Knüpfwerke, die man heute als Mergum oder Kelim definieren würde, waren aber auch schon den durch Nordafrika ziehenden Nomadenstämmen bekannt. Die Muster spiegelten meist die tägliche Umgebung wider: Kamele, Schafe, Ziegen, Federvieh, Wildtiere und Pflanzen aller Art.

Dank der Kunstfertigkeit der Punier wurde Karthago nicht nur berühmt als die große Handelsmacht im westlichen Mittelmeer, sondern auch als Hauptstadt der Knüpfkunst in der Region. Griechische Dichter rühmten

◄ Farbenprächtige Teppichauswahl in der Medina von Sousse (► S. 55).

»die kostbaren Teppiche und bestickten Kissen« der punischen Metropole.

Geometrische Figuren

Tunesische Teppiche, meist aus lokaler Schafwolle gewebt oder geknüpft, weisen im Allgemeinen keine gegenständlichen Darstellungen auf, sie beschränken sich auf geometrische Figuren, für die man im Lauf der Zeit eine hohe Kunstfertigkeit entwickelt hat. Wer sich in einem der großen Teppichgeschäfte umschaut, wird überwältigt sein von der Vielfalt der Muster und den oft erlesenen Farben.

Freunde gegenständlicher Muster sollten dagegen zu einem **Kelim** greifen. Sie stammen in den meisten Fällen aus Gegenden, wo auch heute noch Nomaden leben – beispielsweise aus Gabès – und die Bilder aus dem Alltag noch lebendig sind. Kelims eignen sich vorzüglich als Wandschmuck.

Die grob geknüpften **Mergums** sind praktisch die Urform aller Teppiche. Sie haben nur geometrische Muster, sind sehr resistent, lassen allerdings Staub durch und müssen öfters kräftig geschüttelt werden. Ihr Basismaterial ist traditionell Wolle oder Baumwolle, die Grundfarbe oft ein Rotton, mit dem die in Weiß oder Creme gehaltenen Berbermotive einen sehr schönen Kontrast bilden. Ein solcher Teppich wird auch »Regma« genannt.

Teppiche aus Seide – das Material kommt aus China – sind oftmals von berückender Schönheit. Die Muster stützen sich meistens auf persische Vorbilder. Ein Seidenteppich ist eine Anschaffung fürs Leben. Auch diese Teppiche dienen im Orient fast nur als Wandbehang.

Auf das Siegel achten!

Wer über keine Erfahrung beim Teppichkauf verfügt, sollte auf das von der ONA (Organisation Nationale de l'Artisanat; www.onat.nat.tn) ausgestellte obligatorische Qualitätssiegel auf der Unterseite achten. Die ONA empfiehlt seit einigen Jahren auch landesweit bestimmte Geschäfte; man erkennt sie an einer grün-rot geränderten, orientalisch gestalteten Plakette mit einem großen roten »R« in der Mitte. Anschließend sollte jeder sein Talent zum zähen Handeln entfalten. Sieger ist letztlich immer der Händler, aber mit einigem Geschick kann man doch mindestens 20 % herausholen – im Normalfall.

Beim Preis spielt neben Größe, Muster und Farbe natürlich die Anzahl der Knoten (frz. »point«) eine Rolle. Sie beginnt bei 40 000 pro qm und endet bei 250 000, darüber liegen nur die Seidenteppiche. Für eine einfache Brücke (275 x 150 cm) muss man ungefähr 360 tD rechnen, bei wesentlich besserer Qualität 670 tD. Ein Mergum in der Größe 180 x 120 cm ist, ähnlich wie ein Kelim, ab 170 tD zu haben. Für Seidenteppiche gleicher Größe wird ein Mehrfaches verlangt.

In der Regel schickt jeder Händler die Ware auch ins Ausland, verlangt aber meist eine Anzahlung, die bis zu 40 % betragen kann. Dafür übernimmt der Lieferant die übrigen Kosten. Alle gängigen Kreditkarten werden akzeptiert.

Der Teppichkauf ist eine Zeremonie, die man sich nicht entgehen lassen sollte. Bleibt es beim Besuch, dann wird man zumindest den köstlichen Geschmack des stets angebotenen Pfefferminztees, die Umtriebigkeit der Händler und das herrliche Gefühl, einmal inmitten Hunderter Teppiche zu sitzen, in guter Erinnerung behalten.

Feste und Events

Mit dem Frühling kommen die Feste, angefangen im tiefen Süden bis zum hohen Norden. Es gibt Reiterspiele und Musik aller Art – aber auch der Tintenfisch wird gebührend gefeiert.

◄ Das Festival du Sahara (► S. 27) in Douz bietet den Rahmen für Volkstänze, Reiterspiele und Kamelrennen.

(► S. 27)

MÄRZ/APRIL

Festival des Ksours Sahariens, Tataouine

Reiten, reiten, reiten – ist immer noch Hauptthema des Festival International des Ksours von Tataouine. Ein eigens dafür hergerichteter Platz bietet den festlich geschmückten Pferden und ihren Reitern in wehenden Gewändern alle Möglichkeiten, ihre Künste zu zeigen.
www.festivaldesksours.com

Festival Méditeranéen de la Guitare, Tunis

Seit kurz nach der Jahrtausendwende konzertieren jeweils im Frühjahr Gitarrenkünstler aus verschiedenen Nationen in Tunis. Ursprünglich war ihre Bühne jene des Théâtre Municipal, inzwischen finden die Auftritte in der Coupole d'El-Menzah statt. Und die Teilnehmer kommen längst nicht mehr nur aus den Mittelmeerländern, sondern aus der ganzen Welt. Das Repertoire reicht von Klassik über Pop Rock bis zu Metal.
www.festmedguitar.com

SOMMER

Festival International de Musique Symphonique, El-Djem

Das riesige Amphitheater wird zum Schauplatz von klassischen Musikabenden. Gäste sind relativ bekannte Orchester und Kammermusikensembles aus Europa und Russland. Von den Urlaubsorten und Tunis aus fahren Züge oder Sonderbusse. Karten gibt es auch in Hotels, die außerdem Infos zum Programm geben.
www.festivaleljem.com

Festival de la Cueillette des Dattes, Kebili

Mit Straßenumzügen und Folkloredarbietungen feiert das Oasenstädtchen den Beginn der Dattelernte. Ein echtes Volksfest; wenig touristisch.

Festival du Poulpe, Kerkenah

Ein großes Ereignis mit Ausstellungen, Theater, Musik, Kunsthandwerk und Bioprodukten. Ein Straßendefilée rahmt den Kern des jährlichen Tintenfischfestes, bei dem mehr als 20 Köche um den Preis für das beste Tintenfischgericht wetteifern.

DEZEMBER

Festival du Sahara, Douz

In dieser Wüstenstadt ist das sehr alte, traditionsreiche Wüstenfest der Höhepunkt des Jahres. Auch aus der weiteren Umgebung kommen die Menschen, um sich die Reiterspiele anzusehen. Das Datum erfährt man erst im Lauf des Jahres, in jedem Fall liegt es um Weihnachten herum.
www.festivaldouz.org.tn

Festival des Oasis, Tozeur

Wer am Jahresende in der Region weilt, sollte sich dieses Fest nicht entgehen lassen. Zwar gibt es keine Reiterspiele, dafür dokumentieren Umzüge und viele kleinere Veranstaltungen das ursprüngliche Leben der Beduinen. Vor den Stadttoren sieht man auch heute noch zeltende Nomaden.

RAMADAN

Festival de la Médina, Tunis

Im Fastenmonat Ramadan öffnen sich die Höfe einiger alter Paläste in der Medina für Darbietungen klassischer arabischer Musik, ein für die Freunde arabischer Kultur sehr empfehlenswertes Festival.

Sport und Strände

Die Badeorte bieten eine ideale Kombination von Sport und Entspannung. So kann man etwa Golfen, auf Sand segeln oder Reitausflüge unternehmen. Für Abwechslung ist in jedem Fall gesorgt!

◄ Der Strand von Séguia auf Djerba
(▸ S. 31) bietet auf 4 km Länge eine
Vielzahl an Wassersportmöglichkeiten.

Die Strände entlang der tunesischen
Küste von **Tabarka** bis **Ben Guer-
dane** bezaubern durch ihre Vielfalt.
Man sonnt sich – umgeben von
Eichenwäldern und Palmen, waldrei-
chen Bergen und Olivengärten. Das
Wasser hat den höchsten Reinheits-
grad aller Mittelmeeranrainer. Die
Industriebetriebe liegen meist weitab
der Küste, und Flüsse, die belastet ins
Meer münden, existieren nicht. Aber
Schwimmen ist keineswegs die einzi-
ge Möglichkeit, Sport zu treiben.
Die Hotellerie sowie die tunesische
Tourismusindustrie haben sich ei-
niges ausgedacht, um bei einem
Strandurlaub keine Langeweile auf-
kommen zu lassen. Dank der ver-
schiedenartigen Landschaften ist das
Angebot ungewöhnlich groß und
bezieht alle Altersstufen ein.
Während der Hauptsaison bieten
die Strandhotels eine große Palette
aller nur denkbaren Aktivitäten zu
Wasser an: Bootsfahrten, Parasailing
(Fallschirm am Motorboot), Surfen,
Kitesurfen, Wasserski. Zudem verfügt nahezu jeder Küstenort über
mindestens ein Tauchzentrum, in
Hammamet, Mahdia, Monastir und
auf Djerba sind es fast ein halbes
Dutzend. Oftmals stehen auch Pferde
zur Verfügung, Motorräder, Quads
(Motorräder auf vier Rädern), Mo-
torroller und Fahrräder gibt es in
fast allen Urlaubsorten, besonders in
flachen Gegenden wie Djerba.

ANGELN

Ein reiches Betätigungsfeld für
Angler ist der Norden des Landes.
Wenn die Hauptsaison vorbei ist,
kommen die Liebhaber dieses Sports
mit ihrem Spezialgerät und werfen
die Leine aus. Tabarka und Bizerte
gelten als Orte, in denen besonders
oft ein Fisch an der Leine hängt. Die
großen Hotels in Djerba, Hammamet, Nabeul und Sousse veranstalten
regelmäßig Angelfahrten aufs Meer.

GOLF

Freunde dieser Disziplin kommen
in Tunesien, wo auch immer sie sein
mögen, voll auf ihre Kosten. Von
Tabarka über Bizerte bis nach Djerba
– Löcher über Löcher, und es werden
immer mehr. In Hammamet laden
Golf Yasemine (Tel. 72/22 70 01)
und **Cytrus Golf** (Tel. 72/22 65 00)
ein, in Monastir **Flamingo Golf** (Tel.
73/50 02 83) und **Palm Links Golf**
(Tel. 73/52 19 11), auf Djerba hat sich
jüngst der **Djerba Golf Club** etab-
liert, mitten in der Hotellandschaft
(Tel. 75/74 50 55). Aber auch am
Wüstenrand muss man nicht auf das
Hobby verzichten, in Tozeur etwa
bietet sich **Golf des Oasis** an (Tel.
71/96 59 50). Ebenfalls pitchen und
putten kann man in El-Kantaoui,
Tabarka und Karthago.

JAGD

Wenn es Winter wird in Tunesien,
sind die Jäger an der Reihe. Sie
bevorzugen den wildreichen Nordwesten, um einen kräftigen Keiler
vor die Flinte zu bekommen. Einige
Hotels in der Region haben dann
Hochsaison. Auch in der Gegend von
Tozeur kann man inzwischen auf
Wildschwein- und Entenjagd gehen.
Für die Jagd in Tunesien gelten staatliche Bestimmungen, die man unter
folgender Adresse erfährt: **Fédéra-
tion Tunisienne de Chasse**, **Club de
Chasse** (Radès, Tel. 71/29 69 10).

KITESURFEN

Lenkdrachen plus Mini-Surfbrett – in dieser Kombination lässt sich das Meer auf besonders rasante Weise »erfahren«, auch in Tunesien. Vor allem auf Djerba gibt es viele Möglichkeiten, diese Trendsportart auszuüben bzw. in speziellen Schulen zu erlernen.

GlobalKite ▶ S. 73, b 1

Houmt Souk, Sidi Smaél, Route Touristique, km 4,5 • Tel. 22/79 25 15 • www.kitesurfdjerba.com

TAUCHEN

Tauchen mit Diplom: Das gibt es z.B. in Tabarka. Anfänger müssen mindestens zehn Tauchübungen (mit Bootsfahrt ca. 1 Std.) und theoretischen Unterricht absolvieren, dann erhalten sie das international anerkannte Diplom »Tauchen bis 35 m« der Klasse I. Wen es weiter in die Tiefe treibt, der kann auch Kurs II und III buchen. Als Krönung nehmen die Diplomanden an einer Exkursion teil, von der viele träumen: Tauchen um Mitternacht im Scheinwerferlicht. Infos bei:

Yachting Club de Tabarka
▶ S. 118, B 2

Tabarka, Port de Pêche • Tel. 78/64 44 79 • Kosten für Kurs I ca. 100 €

TENNIS

Alle großen Hotels in den Urlauberzentren haben einen, meist mehrere Plätze. Schläger und Bälle kann man vor Ort selbst kaufen oder mieten.

STRÄNDE

Der 1300 km lange Küstenstrand von der algerischen Grenze im Nordwesten bis zur libyschen im Südosten ist ein einziges Badeparadies. Die ideale Zeit für Schwimmer sind die Monate Juni bis Sept. (Hochsaison).

Taucher finden vor der Küste Tunesiens eine herrliche Unterwasserwelt, vor allem in Tabarka (▶ S. 91). Der Ort nahe der algerischen Grenze verfügt über vier Tauchbasen.

Das Mittelmeer erwärmt sich erst spät, hält dafür aber seine Temperaturen sehr lange. Daher kann man ohne Weiteres an den Stränden von Hammamet und Djerba noch im Oktober baden gehen. In Tabarka allerdings und teilweise auch in Bizerte endet die Badesaison meistens schon im September. Der Strand von Tabarka ist wenig gepflegt und wegen der starken Meeresströmung für Schwimmer ungeeignet.

Die Strände von Bizerte bis Tabarka sind die am wenigsten berührten und daher besonders geeignet für Individualreisende. Raue Felsen wechseln ab mit tiefgrünen Wellen, in dem glasklaren Wasser sieht man oft tunesische Unterwasserjäger, besonders in Kefabad, 33 km westlich von Bizerte. Zwei Ferienregionen, an denen praktisch alle größeren Hotels liegen, streiten um die Gunst der Gäste auf Djerba. Der bekannteste und meistbesuchte Strand nennt sich Sidi Maharès. Weniger bekannt und wesentlich ruhiger ist der Strand von Séguia. Generell hat das Meer vor der tunesischen Küste den höchsten Reinheitsgrad aller Mittelmeeranrainer. Die großen Hotels liegen zwar dicht beieinander, aber für Einzelreisende gibt es immer noch genügend Platz. Viele Hotels vermieten auch Sonnenschirme an Nicht-Residenten.

Die nachfolgend aufgeführten Strände werden vornehmlich von Einheimischen besucht. Man achte deshalb auf eine den lokalen Gebräuchen entsprechende Badebekleidung. Die Männer tragen meist Badeshorts.

Bizerte   ▸ S. 119, D 2

Fünf hauptsächlich von Einheimischen besuchte Strände laden vor ausgedehnten Pinienwäldern zum Baden ein. Am klarsten ist das Wasser vor der »Grotte«, ein beliebter Familienausflugsort am äußersten Ende der Corniche.

Chaffar   ▸ S. 121, E 5

In unmittelbarer Nähe des Orts Nakta (südl. von Sfax), vor ausgedehnten Obst- und Olivenplantagen, liegt der schöne Strand, an dem nur im Juli und August Hochbetrieb herrscht.

Chebba   ▸ S. 121, F 5

Ein sehr einsamer, langer Strand, der auch in den Sommermonaten nie überfüllt ist (an der C 82 auf halber Strecke zwischen Sfax und Mahdia).

Hammamet-Nord   ▸ S. 119, E 3

Zwischen Hammamet und Nabeul erstreckt sich ein schier endlos langer, von keinem Hotel unterbrochener Strand mit klarem Wasser und feinstem Sand – ein fast ausschließlich von tunesischen Familien besuchter Platz.

Kerkennah   ▸ S. 121, F 5

Der mit Palmen bestandene Strand von Sidi Frej dehnt sich über mehrere Kilometer aus. Ein idealer Ort für jene, die gern allein am Meer wandern und in den Wellen planschen.

Roued   ▸ S. 119, D 2

Kaum zu glauben: Nur 12 km nordöstlich der Hauptstadt findet sich ein endlos langer Strand aus feinstem Sand. An Wochenenden gut besucht, ist er nur mit dem Auto zu erreichen.

Ras El-Djebel   ▸ S. 119, D 2

Eine Autostunde nördlich von Tunis liegt vor einem duftenden Pinienwäldchen ein fast jungfräulicher Strand, der sich westlich bis Bizerte hinzieht.

Familientipps
Der Nachwuchs ist willkommen: Tunesier sind ausgesprochen kinderfreundlich. Dromedar und Piratenboot, flache Strände und Freizeitparks machen aber nicht nur den Kleinen Spaß.

◄ Hoch zu Kamel fühlt man sich beinahe wie ein echter Wüstensohn: exotischer Ritt auf der Insel Djerba (▶ S. 73).

Carthageland   ▶ S. 119, E 3

Hier gibt es alles, was ein Kinderherz begehrt: Karussells, Geisterbahnen, aber auch didaktische Reisen in Tunesiens Vergangenheit, wie zum Tempel des Baal oder die Suche nach der Verlorenen Stadt. Die jüngste Attraktion ist das **Aqualand** – mit Riesen- und Tunnelrutschen, Kinderpool, Wellenbad etc.
Yasmine-Hammamet, Rue de la Medina • Tel. 72/24 10 00 • www.carthageland.com • Eintritt 12–15 tD, bis 80 cm frei

Parc Djerba Explore   ▶ S. 75, c 2

Mit wohligem Gruseln drängen sich die Kleinen vor den Becken mit den 400 Nilkrokodilen – die großmäuligen Wassertiere sind für Kinder sicher das Highlight dieses modernen Freizeitparks. Im Museumsdorf laden u.a. Ölmühlen, eine Töpferwerkstatt und Webereien zur spielerischen Entdeckungsreise ein.
Midoun, Route Touristique (in Höhe Leuchtturm Taguermess) • Tel. 75/74 52 77 • www.djerba-explore.com • Museumsdorf Juni–Sept. 9–2, Okt.–Mai 9–20 Uhr; Museum, Krokodilbecken Juni–Sept. 9–20, Okt.–Mai 9–18 Uhr • Eintritt 15 tD, Kinder 7,50 tD, Familienticket 35 tD

Piratenboot

An den Küsten von Djerba, Sousse, Hammamet und Port El-Kantaoui stechen regelmäßig »Piratenschiffe« in See. Beim Ausflug auf den großen Holzschiffen lassen sich mit etwas Glück Delfine beobachten; an Bord wird bisweilen ein Animations-

programm veranstaltet. Und nicht selten wird unterwegs ein Picknick- und Badestopp eingelegt.

Sahara-Lounge   ▶ S. 120, A 6

Hängebrücken, Seilrutschen, Balancier-Parcours, eine Kletterwand – und das Ganze inmitten eines Palmenhains. In Tunesiens erstem Öko-Freizeitpark können schon Kinder ab zwei Jahren, gut gesichert mit Seil und Beckengurt, ihre Geschicklichkeit ausprobieren. Speziell ausgebildetes Personal begleitet die Aktivitäten.
El-Birka, Palmeraie de Tozeur • Tel. 25/61 60 01 • www.sahara-lounge.com • tgl. 9–18 Uhr • Eintritt 25 tD, Kinder 10 tD

Wüstenabenteuer   ▶ S. 120, C 7

Wüstenabenteuer allerlei Art bietet das Animationszentrum Pegase – beispielsweise Fahrten mit Dünenbuggys, Cross-Karts, ein Ritt auf dem Dromedar. Bei den motorisierten Transportmitteln allerdings nur in Begleitung von Erwachsenen!
Douz, Route Touristique • Tel. 75/47 07 93 • www.pegasesahara.com

Zuckerpuppenfestival
▶ S. 119, E 3

Zum islamischen Neujahr erhalten die Kinder in den Familien traditionell oftmals Zuckerpuppen: Hahn oder Pferd, Fisch oder Gazelle. Beim Zuckerpuppenfestival kann man bei der Herstellung dieser Leckerei zuschauen oder selbst mitmachen.
Nabeul, Espace Sidi Ali Azouz • nächste Termine: 15. Nov. 2012, 4. Nov. 2013

👫 Weitere Familientipps sind durch dieses Symbol gekennzeichnet.

Das Kolosseum lässt grüßen: El-Djems
Amphitheater (▶ S. 59) war mit einem
Fassungsvermögen von 35 000 Plätzen
das drittgrößte Theater der antiken Welt.

Unterwegs
in Tunesien

Reisen durch eine faszinierende Kultur – von römischen
Ruinen zu heiligen Moscheen, von der Mönchsburg in
die Wüstenoase, vom Badestrand zum Berbermarkt …

Die Region Tunis
Eine lebensfrohe Metropole – halb Orient, halb Okzident – mit UNESCO-Welterbe-Medina, römischen Ausgrabungen vor den Toren, herrlicher Natur und schönen Stränden in der Umgebung.

◄ Orientalisches Flair im Gassengewirr der Medina von Tunis (▶ S. 38), die nun sukzessive saniert wird.

Mehr als 2,4 Mio. Menschen – fast ein Viertel der Landesbevölkerung – leben heute in der Hauptstadtregion. Fast jede tunesische Familie hat einen Verwandten in der Metropole. Studenten bilden Wohngemeinschaften mit Freunden aus derselben Heimatregion, in den schnell wachsenden Vorstädten entstehen immer mehr Hochhäuser mit schicken, teuren Wohnungen für die zunehmend an Bedeutung gewinnende, gut situierte Mittelschicht. Die Stadt gewinnt ihre Attraktivität nicht nur durch die zentralen Verwaltungseinrichtungen, sondern auch durch ihren hohen Freizeitwert.

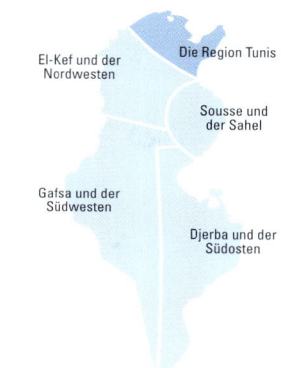

El-Kef und der Nordwesten

Die Region Tunis

Sousse und der Sahel

Gafsa und der Südwesten

Djerba und der Südosten

Tunis ▶ S. 119, D 3

1 000 000 Einwohner

Stadtplan ▶ Klappe hinten

Auf der schönen und weitläufigen Flaniermeile **Habib Bourguiba** mit ihren schattigen, am Abend von zahlreichen Staren bevölkerten Ficusbäumen füllen sich schon früh am Morgen die vielen Straßencafés mit Müßiggängern und Geschäftsleuten, die schnell noch einen Espresso oder Cappuccino trinken, bevor ihr Tagesablauf beginnt. Am ständigen chaotischen Autoverkehr stört sich hier niemand, und abends, bis weit in die Nacht, flaniert hier »toute Tunis«. Die Geschichte von Tunis (der Name geht auf das Berberwort »Tunes« = Kap zurück) ist so alt wie das Land, ja im Grunde älter. Die geografisch einmalige Lage an der leicht zu schützenden Bucht und der schnelle Zugang zum Binnenland boten den idealen Ort zu einer Ansiedlung.

Zeugnisse aus numidischer Zeit gibt es kaum, und unter Karthago spielte Tunis oder Thuni, wie es die Römer nannten, nur die Rolle eines schützenden Vorpostens. Als arabische Stämme 692 Karthago zerstörten, erlebte Tunis eine gewisse Blütezeit, die 300 Jahre später mit einem verheerenden Angriff arabischer Aufständischer abrupt ihr Ende fand.

Erst mit Beginn der Hafsiden-Dynastie 1229 begann der unaufhaltsame Aufstieg zur Metropole. Die Hafsiden, die dem Land zu einer einmaligen Blüte verhalfen, erweiterten auch Tunis, wovon heute noch bedeutende Sehenswürdigkeiten zeugen. Der Ausbau zur Hauptstadt begann zügig erst mit der Kolonialzeit, als sich der französische Gouverneur hier niederließ. Die ganze Neustadt zwischen Medina und Hafen wurde in ihrer jetzigen Form damals konzipiert und gebaut. Leider fielen der Entwicklung zur Metropole auch die alten Mauern der Medina zum Opfer. Nach der Unabhängigkeit im Jahr 1956 wuchs Tunis ständig weiter und dehnte sich nach allen Seiten hin aus, selbst dem Meer wurde inzwischen Bauland abgerungen.

Tunis ist heute der politische, ökonomische und kulturelle Mittelpunkt des Landes. Wo einst die Kasbah stand, am Rand der Medina, residieren heute – teilweise in sehr schönen alten Palästen – der Ministerpräsident und mehrere Ministerien. Obwohl die Regierung bestrebt ist, größere Industriebetriebe auch weit außerhalb von Tunis und in anderen Städten anzusiedeln, hat nach wie vor ein Großteil der ausländischen Unternehmen in der Hauptstadt ihren Sitz.

Ein intensives Universitäts- und Hochschulleben, dazu das mehr als hundertjährige **Théatre Municipal**, diverse Festivals sowie ein reiches Kino- und Literaturangebot zeichnen das geistige Leben von Tunis aus. Auch fast alle wichtigen Verkehrsverbindungen laufen in der Hauptstadt zusammen. Flug- und Eisenbahnverkehr sind ganz auf die Metropole ausgerichtet.

SEHENSWERTES
Ez Zitouna (Ölbaummoschee)

▸ S. 39, b 3

Der Grundstein zur Moschee wurde 698 gelegt, im selben Jahr, in dem Tunis gegründet wurde. 200 Jahre später wurde sie von dem Aghlabiden-Herrscher Ibrahim Ibn Ahmed völlig neu aufgebaut. Im Mittelalter avancierte die der Moschee angeschlossene Universität zu einer der bedeutendsten religiösen Lehrstätten des Islam, die alte Bibliothek verfügt auch heute noch über eine riesige Sammlung arabischer Literatur. Der Innenhof, den man besichtigen kann, erinnert stark an die Große Moschee von Kairouan (▸ S. 61).

Tgl. 8–14 Uhr (außer Fr) • Eintritt 4 tD (auch für alle anderen Sehenswürdigkeiten der Medina gültig)

Medina ⭐ 1   ▸ S. 39

Bereits 1979 zum UNESCO-Weltkulturerbe erklärt, erfuhr die Altstadt von Tunis bis 2011 erste Restaurierungen. In neuem Glanz erstrahlt bereits der Abschnitt zwischen Rue Sidi Ben Arous und Rue du Tribunal; ein Kulturrundgang ist nun hier ausgeschildert. Er führt u. a. zum **Palais Kheredinne** mit der Galerie zeitgenössischer Kunst.

Tourbet El-Bey ▸ Klappe hinten, b 4

Das Mausoleum, unweit des Palastes Dar Othman gelegen, besticht durch seine herrlichen Marmorwände und -säulen. Das Gebäude stammt aus der Zeit der osmanischen Herrschaft (Ende 18. Jh.), was noch deutlich an den steinernen Turbanen erkenntlich ist, die die verschiedenen Grabstelen schmücken.

Tgl. 9.30–16.30 Uhr • Eintritt 4 tD

MUSEEN
Musée du Bardo ⭐ 2

▸ Klappe hinten, a 3

Bedeutendstes Museum Tunesiens und eines der wichtigsten Afrikas. Das zum einstigen Palast des Bey von Tunis gehörende Haus (hier war der Harem untergebracht) wurde bis 2012 um einen modernen Trakt erweitert und birgt Mosaike von berückender Schönheit aus dem römischen Tunesien. Sie stammen aus allen Landesteilen – ebenso wie die anderen Exponate der Landesgeschichte, von der nubischen (berberischen) bis in die späte osmanische Epoche. Diese teilweise haushohen Höhepunkte der Sammlung veranschaulichen auch den hohen Grad der Zivilisation jener Kulturen.

Av. du 2 Mars 1934 • Metro Léger (Straßenbahn) Nr. 4 • Eintritt 8 tD

SPAZIERGANG

In Halfaouine ▸ Klappe hinten, d 3

Um das berühmte volkstümliche Viertel Halfaouine kennenzulernen, fährt man am besten mit der Straßenbahn von der Haltestelle direkt hinter der Kathedrale bis **Bab el-Khadra** (2. Haltestelle), läuft dann in Fahrtrichtung, biegt nach wenigen Minuten in die erste Straße links, die Rue de miel (Honig-Straße), ein und passiert das noch rudimentär erhaltene Tor **Bab el-Assal** (Honig-Tor), wo einst der Honig aus der Umgebung verzollt und in die Stadt gebracht wurde. Und schon befindet man sich in Halfaouine, dem Herzstück der Medina. Winzige Geschäfte

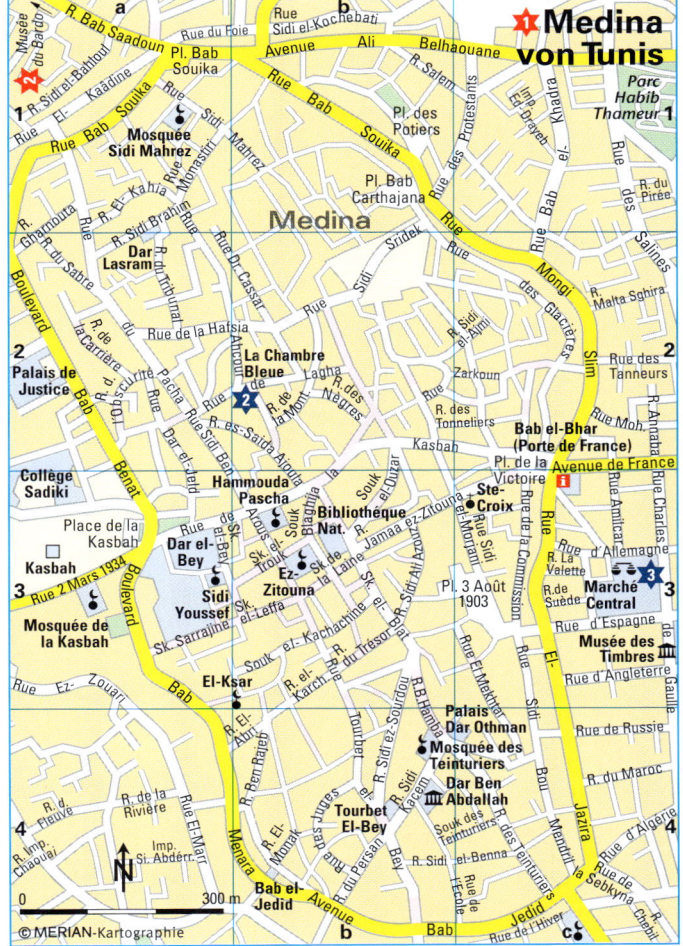

wechseln mit niedrigen, oft vom Zahn der Zeit angenagten Häusern. Nach ca. 500 m führt linker Hand ein kreuzgangartiger Souk zum Platz **Halfaouine** mit der imposanten Großen Moschee. Der uralte Platz mit seinen immergrünen Bäumen und den plätschernden Springbrunnen hat viel von seinem einstigen Charme behalten. Nicht zu vergessen das volkstümliche Kaffeehaus in der Ecke mit der damals üblichen Kachelverkleidung und den bunten Fenstern.

Der Weg geht weiter durch den offenen Markt des Viertels, der weder Sonn- noch Feiertag kennt und alles bietet, was Küche, Koch und Haushalt brauchen. Am Ende der Marktstraße erreicht man den Platz **Bab Souika**, den zweiten Schlüsselbereich von Halfaouine. Am linken Ende, direkt neben der Polizeista-

tion, führt die Rue Mongi Slim wieder zurück zur Porte de France.
Dauer: ca. 1 Std. ohne Pausen/Einkäufe

ÜBERNACHTEN

Dar el-Medina ▸ Klappe hinten, d 3

Boutique-Hotel • Das Altstadtpalais aus dem 19. Jh. strahlt nostalgisches Flair aus. Zwei Patios, ein maurisches und ein Terrassen-Café, dazu schöne Stuck- und Fliesenarbeiten.
64, rue Sidi Ben Arous • Tel. 71/56 30 22 • www.darelmedina.com • 12 Zimmer • €€€

Majestic ▸ Klappe hinten, d 3

Restaurierte Eleganz • 1919 erbaut und nach fast fünfjähriger Renovierung 2011 mit modernem Touch wieder eröffnet. Direkt an einer Straßenbahnhaltestelle. Französisch inspiriertes Ambiente, hohe Decken, schönes Terrassen-Café, Spa.
36, av. de Paris • Tel. 71/33 26 66 • www.majestichotel.tn • 77 Zimmer • €€€

Tunisia Palace ▸ Klappe hinten, d 4

Historischer Bankpalast • Nur einen Steinwurf entfernt von Markthalle und Medina, besticht das Hotel vor allem durch seine Eingangshalle und das gute Restaurant. Der Rest hat gediegenes Mittelklasseniveau.
13, av. de France • Tel. 71/24 27 00 • www.goldenyasmin.com • 47 Zimmer • €€€

MERIAN-Tipp 2

LA CHAMBRE BLEUE
▸ Klappe hinten, d 3

Sondos Bellhassen ist ein bekanntes und engagiertes Allround-Talent: Schauspielerin, Tänzerin, Choreografin, bildende Künstlerin. Sie spielte in Kinofilmen (z. B. »Le Secret«, »Der englische Patient«), gestaltete die Eröffnungszeremonie des Afrika-Nationencups und nahm am zweiten Dreamcity-Festival in Tunis teil. Im historischen Gästebereich des einstigen Palais Agha in der Medina hat sie ein schönes B & B-Zimmer (40 qm, mit Salonecke) eingerichtet.
Tunis, 24, rue du Divan • Tel. 22/57 96 02 bzw. 21/17 52 78 • www.lachambrebleue.net • €€

Punische Stelen, frühchristliche Sarkophage und gut erhaltene Mosaiken aus römischen Villen machen das Bardo (▶ S. 38) zu einem der wichtigsten Museen Afrikas.

ESSEN UND TRINKEN

Dar Belhadj   ▶ Klappe hinten, d 4

Bey-Eleganz • In einem restaurierten Altstadtpalais wird stilvoll auf weißem Leinen typisch Tunesisches serviert: Brik, Couscous, Tajine, gedämpftes Lamm. Raffinierte Beilagen. 17, rue de Tamis • Tel. 71/20 08 94 • €€€

Carcassone   ▶ Klappe hinten, e 4

Günstiger Klassiker • Seit vielen Jahren bekannt für seine preiswerten Tagesmenüs mit vier Vorspeisenmöglichkeiten, zwei Hauptgerichten zur Wahl plus Dessert. 8, av. de Carthage • Tel. 25 67 68 • €

Rue Le Caire 👫 ▶ Klappe hinten, e 4

Treff der Einheimischen • In dieser Querstraße der Habib Bourguiba laden vier blitzsaubere, mittelgroße Restaurants (**Le Sfax**, **Le Repas**, **Le Sfaxien**, **Le Caire**) zu original tunesischer Küche ein. Die Lokalitäten sind ausgesprochen preisgünstig.

EINKAUFEN

Souvenirs in der Medina ⭐

▶ Klappe hinten, cd 3/4

Die Altstadt von Tunis, die Medina, ist eines der größten Einkaufszentren in Nordafrika. Man findet hier eine reiche Auswahl an kunsthandwerklichen, oft auch nützlichen Souvenirs. Das Angebot reicht von Teppichen und Kelims bis zu Portemonnaies und den berühmten Volièren. Handeln ist hier unerlässlich und üblich. Besonders malerisch und beliebtes Fotomotiv ist der kleine Gewürz-Souk **El-Bled** am Ende der Rue Zeitouna, vor dem Gewölbe links. In den Lädchen türmen sich in herrlichem Durcheinander Hunderte von Flaschen und Fläschchen, Tüten und Büchsen. U. a. gibt es hier auch noch Muskatnüsse in der festen Schale.

MERIAN-Tipp 3

MARCHÉ CENTRAL
► Klappe hinten, d 4

Nach aufwendiger Renovierung erstrahlt seit 2007 die Markthalle von Tunis in neuem Glanz. Mit einer gelungenen Mischung von traditioneller und moderner Architektur (hohe, von Stahlrohren getragene Segel) entstand Tunesiens schönster Markt. Unverändert das bunte, attraktive Angebot von regionalen Früchten und Gemüse. Orientalische Stimmung verbreiten die Händler in der Fischhalle, die bis zum Mittag mit erheblichem Stimmaufwand ihre täglich frischen Produkte aus dem Meer anbieten. An den Lebensmittelständen der Haupthalle kann man alle Ingredienzen der orientalischen Küche erwerben.

AM ABEND

Tunis ist keine Urlaubermetropole. Daher kann man hier eine Art der Unterhaltung erleben, wie sie die tunesische Oberschicht liebt und wie man sie auch in anderen orientalischen Metropolen vorfindet: z. B. Dinner-Shows mit prominenten (arabischen) Künstlern und Orchestern, die bis weit nach Mitternacht dauern und sehr teuer sind.

SERVICE
AUSKUNFT
ONTT (staatl. Tourismusorgani-sation)
► Klappe hinten, e 3/4
1, av. Mohamed V • Tel. 71/34 10 77

CRT
► Klappe hinten, d 3
31, rue Hasdrubal • Tel. 71/84 56 18

MEDIZINISCHE HILFE
Notrufnummern
– Allo docteur • Tel. 71/78 00 00
– Allo médecin d'urgence •
Tel. 71/59 90 00
– SAMU • Tel. 0 11 90

POLIZEI-NOTRUF
Tel. 1 97

VERKEHR
Busse
– Gare Routière Sud • Bab El-Fellah •
Tel. 71/39 92 55   ► Klappe hinten, d 5
– Gare Routière Nord • Bab Saadoun •
Tel. 71/56 25 32   ► Klappe hinten, c 3

Eisenbahn
► Klappe hinten, d 4
Hauptbahnhof • Pl. de Barcelone •
Tel. 71/24 44 40

Flughafen
Tel. 71/75 40 00

Mietwagen
– Avis • Tel. 71/78 05 93
– Europcar • Tel. 71/71 04 25
– Hertz • Tel. 71/70 20 99

Ziele in der Umgebung
◎ **Bizerte**
► S. 119, D 2
111 000 Einwohner

Diese liebenswürdig-sympathische Stadt an der Nordspitze Tunesiens mit ihren duftenden Wäldern lohnt in jedem Fall einen Besuch. Wer einen Strandurlaub gern mit längeren Wanderungen im Wald kombiniert, sollte den Weg hierher (50 km davon auf der Autobahn) nicht scheuen. Leider führen deutsche Veranstalter Bizerte nicht mehr im Programm, dabei verfügt es über fünf lange Strände, teils direkt vor dem Wald gelegen. Inzwischen bieten acht Hotels aller Preisklassen neben Komfort und Gemütlichkeit auch ideale Möglichkeiten für Familien mit Kindern. Der Ort hat heute noch südfranzösisches Flair. Die Patisserien gelten in Auswahl und Qualität als die besten des Landes. In der Medina ergänzen Gässchen und kleine Plätze malerisch den alten Fischereihafen.

Bizerte geht auf eine phönizische Gründung zurück (Hyppo Diarrythus), wurde im Dritten Punischen Krieg wie Karthago zerstört und gewann erst im 16. Jh. wieder an Bedeutung. Im Afrikakrieg wurde es 1943 von Deutschen und Alliierten bombardiert und schwer beschädigt. Nach der Unabhängigkeit behielten die Franzosen Bizerte als Garnison. Ein blutiger Volksaufstand zwang die Kolonialmacht 1963 zum vollständigen Rückzug. Dieser Tag, der 15. Oktober, ist nun nationaler Gedenktag.

65 km nordwestl. von Tunis

SEHENSWERTES

Cap Blanc

Afrikas nördlichster Punkt lässt sich nur mit dem eigenen Fahrzeug erreichen. Man fährt die Corniche entlang und dann an einer Kaserne vorbei in den Wald bis zur Kreuzung. Hier geht eine Schotterstraße rechts ab, durch einen kleinen Ort, dessen Bewohnerinnen geklöppelte Decken anbieten, bis zum höchsten Gipfel, dem Cap Blanc (Sperrgebiet). Man kann schon an der ersten Kurve nach Verlassen des Waldes anhalten und hat einen herrlichen Blick auf das Meer und die Wälder an der Küste – wunderschön bei Sonnenuntergang.

Kasbah

Als Festung und Schutz der Medina hat die Kasbah längst ausgedient. Hinter ihren wuchtigen Mauern versteckt sich ein kleines Wohnvier-

Frisches Gemüse, Obst, Fisch, Gewürze und andere Lebensmittel in Hülle und Fülle bietet der Marché Central (▶ MERIAN-Tipp, S. 42).

tel mit engen, quer durcheinanderlaufenden Gässchen. Direkt daneben erstreckt sich die gut erhaltene Medina, in der sich kleine Geschäfte, traditionelle Handwerksbetriebe und Wohnhäuser abwechseln. Man läuft über altes Kopfsteinpflaster, durch Passagen und Brücken, die sich von einem Haus zum anderen spannen.

SPAZIERGANG
Nadhor

Dieses Viertel beginnt gegenüber dem Hotel Corniche. Die Straße gabelt sich hier. Man läuft links in Richtung »Clinique« (ausgeschildert) und biegt am Krankenhaus links ab in Richtung Wald. Die von Autos nicht befahrbare Piste läuft kilometerweit bis zum Ort Nahor. Von mehreren Punkten ist das Meer sichtbar, sodass man immer eine Orientierung hat. Dauer: ca. 2 Std.

ÜBERNACHTEN
Dar el-Kasbah

Maurische Villa • Charmantes, traditionelles Stadthaus rund 100 m vom Strand Sidi Salem und dem Hafen entfernt, mit schöner Aussichtsterrasse, Patio, Lesesalon. Dinner auf Anfrage; für Kinder nicht geeignet. Kasbah • Tel. 24 99 08 41 • www.maisonelkasba.blogspot.com • 4 Zimmer • €€

ESSEN UND TRINKEN
Le Petit Mousse

Calamari & Co. • Das unprätentiöse Restaurant genießt seit Jahren einen ausgezeichneten Ruf bei Liebhabern von Meeresfrüchten. Besonders empfohlen seien die »Calamari in Knoblauch geschwenkt«. Schöne Terrasse, auch einfache Zimmer. Rue de la Corniche • Tel. 72/43 21 85 • €€€

Die Thermen des Antoninus (▶ S. 47) gehören zu den wichtigsten Sehenswürdigkeiten Karthagos. Die etwa 15 m hohe Säule verdeutlicht die ursprüngliche Größe der Anlage.

SERVICE

AUSKUNFT

CRT
Route de la Corniche •
Tel. 72/43 28 97

VERKEHR

Busse
– Nationale Busgesellschaft (SNTRI) •
Rue d'Alger • Tel. 72/43 12 22
– Regionale Busgesellschaft •
Gare Routière • Tel. 72/43 17 37

Eisenbahn
Gare • Route de Tijna •
Tel. 72/43 35 38

◎ El-Haouaria 🏃👤   ▸ S. 119, F 2

Der kleine Fischerort am Cap Bon ist vor allem bekannt für sein Sperberfestival. Aus allen Nachbargemeinden drängen die Besucher in das Mini-Stadion, um den Wettkampf der Vögel zu bestaunen. Anschließend wird im Ortszentrum gefeiert, es gibt auch einen kleinen Markt.
100 km östl. von Tunis

WUSSTEN SIE, DASS …

… am Cap Bon, dem südlichen Ufer der Straße von Sizilien, seit alters her Tausende von Zugvögeln Rast machen bei ihrer Reise von Europa nach Afrika und umgekehrt.

◎ Gammarth   ▸ S. 119, D 2

Nur wenige Kilometer vor den Toren der Hauptstadt erstreckt sich ein schier endloser Strand, der an sommerlichen Wochenenden beliebtes Ziel einheimischer Familien ist. In den letzten Jahren entstanden hier eine Reihe von Luxusherbergen.
20 km nördl. von Tunis

ÜBERNACHTEN

The Residence

Golf und Spa • Zu den luxuriösen »Leading Hotels of the World« zählendes Haus direkt am Strand mit maurisch-andalusischem Flair, einem 18-Loch-Golfplatz von Robert Trend Jones und einer sehr schönen Thalasso-Landschaft (3500 qm).
La Marsa, Les Côtes de Carthage-Gammarth • Tel. 71/91 01 01 •
www.theresidence-tunis.com •
164 Zimmer • €€€€

ESSEN UND TRINKEN

La Falaise
▸ MERIAN-Tipp, S. 16

Le Cap

Moderner Chic • Brasserie nennt sich das elegante Zentrum dieses Ensembles aus Galerie und Restaurants. In edlem Dekor wird eine gehobene mediterrane Küche mit deutlich französischem Einschlag serviert. Exquisite Süßspeisen, bei schönem Wetter lockt die große Terrasse.
Zone touristique de Gammarth •
Tel. 71/91 09 11 • www.lecap-restaurants.com • €€€

◎ Ichkeul   ▸ S. 119, D 2

Der nordwestlich von Tunis gelegene Naturpark von Ichkeul gehört zu den schönsten Gebieten des Landes. Kernstück des Parks sind ein wild bewachsenes Bergmassiv und ein See mit einer Oberfläche von etwa 8500 ha. Der Park wurde mit Unterstützung internationaler Organisationen gegründet, darunter der UNESCO und des World Wildlife Fund, und ist vom Tourismus bislang noch fast unberührt (▸ Touren und Ausflüge, S. 99).
70 km nordwestl. von Tunis

◎ Karthago (Carthage) ❸

▶ S. 119, E 2

Stadtplan ▶ S. 46

Der gestürzte Präsident Ben Ali residierte hier in seinem Palast, und es reihen sich die Villen anderer Mächtiger und Reicher aneinander. Trotz großer Niederlagen im Kampf gegen Rom hat der Name Karthago auch nach Jahrtausenden nichts von seiner Faszination eingebüßt. Dabei ist von der punischen Epoche kaum noch etwas zu sehen. Nach der Zerstörung Karthagos durch die Römer ging das karthagische Reich im 2. Jh. v. Chr. im römischen Imperium auf. Die Ruinenstätten liegen heute weit verstreut und stammen mit wenigen Ausnahmen aus der römischen Zeit. 16 km nordöstl. von Tunis

SEHENSWERTES

Byrsa

▶ S. 46, b 2

Einen Rundgang durch Karthago beginnt man am besten auf diesem Hügel. Von hier hat man einen wunderbaren Blick über alle Ausgrabungsorte hinweg sowie aufs Meer. Zu Füßen des Betrachters liegen Reste einer frühen Nekropolis (To-

tenstadt) aus dem 7. und 6. Jh. v. Chr. sowie die Mauerreste des phönizischen Karthago, auf denen die Römer ab dem 1. Jh. v. Chr. das neue, prunkvolle Karthago mit Forum und zahlreichen Tempeln errichteten. Glanzpunkte sind die gewaltige Basilika und das nicht minder große Kapitol, auf dem die gegenwärtig als Konzertsaal genutzte Kathedrale St-Louis (Acropolium) steht.

Theater   ▸ S. 46, b 2

Das von Kaiser Antoninus gebaute Theater bot einstmals 5000 Zuschauern Platz und verfügte über die modernsten Installationen jener Epoche. Es war überdacht und mit prächtigen Statuen dekoriert. Im Sommer finden hier die Internationalen Festivals von Karthago statt.

Thermen des Antoninus
▸ S. 46, c 2

Sie liegen direkt am Meer und wurden im 2. Jh. n. Chr. eröffnet. Von den reichen Bürgern Karthagos in Auftrag gegeben, sind sie ein Zeugnis des Wohlstands der Stadt. Gespeist wurde das mit allem Komfort im Stil der Caracalla-Thermen ausgestattete Bad mit über den Hadrian-Aquädukt herangeführtem Wasser aus den Quellen von Zaghouan.
Eine wiederaufgerichtete, etwa 15 m hohe Säule mit einem 8 t schweren Kapitell soll eine Vorstellung von der immensen Größe der Thermen geben. In unmittelbarer Nähe finden sich im **Archäologischen Park** sehenswerte Ruinen aus der römischen und byzantinischen Zeit.

Tophet   ▸ S. 46, b 4

Das den phönizischen Hauptgottheiten Baal und Tanit geweihte

WUSSTEN SIE, DASS …

… der Spruch »Das geht auf keine Kuhhaut« sich auf die Gründung Karthagos durch Prinzessin Dido bezieht? Sie schnitt die Haut in Streifen, legte sie aneinander und markierte so ein viel größeres Terrain, als ihr zugedacht war.

Heiligtum wurde erst nach mühseligen Abtragungen der römischen Überbauung zum Teil freigelegt. Von den Darstellungen auf Stelen und Votivtafeln sowie hier gefundenen Gebeinen wird die Annahme abgeleitet, dass die Phönizier Kinder opferten. Ein großer Teil der hier gefundenen Gegenstände befindet sich heute – das trifft auch für andere karthagische Ruinenstätten zu – im **Bardo-Museum** in Tunis (▸ S. 38).

MUSEEN

Nationalmuseum   ▸ S. 46, b 2

Das um 1900 gegründete Museum wurde nach einem Komplettumbau 1994 unter maßgeblicher Beteiligung der amerikanischen Paul Getty Foundation wiedereröffnet. Es birgt Ausgrabungsfunde aus punischer wie römischer Zeit, z. B. Kultsteine, Marmorsarkophage, Mosaiken und Schmuck; zudem prähistorische und frühchristliche Exponate.
Ruinen und Museum: April–Mitte Sept. 8–19, Mitte Sept.–März 8.30–17 Uhr • Eintritt 12 tD für alle Museen und Ruinenstätten

◎ **Sidi Bou Saïd** 🔶4 ▸ S. 119, E 2

Wohl das Zauberhafteste, was die aus Spanien geflohenen arabischen Andalusier in Tunesien gebaut haben. Wenn man zu dem an einem Berghang gelegenen Städtchen hinaufwandert, tritt man in eine Traumwelt aus 1001 Nacht ein, woran auch die vielen Busse nichts ändern können, die von früh bis nachmittags Tausende von Touristen in die schmalen Gässchen entladen. Am besten weicht man in die Nebenstraßen aus und entdeckt die Schönheit der weißen Häuser mit den hellblauen Farbtupfern der Erker, der Fenster und der nietenbeschlagenen Holztüren.

Der deutsche Maler **August Macke** hat das **Café des Nattes** weltberühmt und damit unsterblich gemacht. Man stößt unvermeidlich darauf, wenn man die Hauptstraße hinaufschlendert. Von der kleinen Terrasse genießt man einen einzigartigen Ausblick über die Bucht von Tunis. Etwas weniger überfüllt ist das nur 100 m entfernte Café **Sidi Chebaane** mit seiner verwinkelten Terrasse, von der man ebenfalls ein herrliches Panorama in Richtung Karthago hat. 16 km nordöstl. von Tunis

---

MERIAN-Tipp ★ **4**

KUNST HAUTNAH ▶ S. 119, E 2

Seit dem 19. Jh entwickelte sich Sidi Bou Saïd zu einem Ort der Kunst und der Künstler. Neben traditionellen Galerien laden inzwischen auch Künstlerateliers zu einem Besuch, etwa jenes von Faten Rouissi, die mit ihren ironischen Stopp-Schildern und den Wäsche-Installationen seit Langem kritisch auf die politischen Verhältnisse ihrer Heimat blickt. Sidi Bou Saïd, 13, rue Sidi Ghemrin • Anmeldung erforderlich unter Tel. 23242954 oder per E-Mail: rouissi@hotmail.com

---

WUSSTEN SIE, DASS …

… der Schweizer Maler Paul Klee sich erst bei der gemeinsamen Tunesienreise mit August Macke und Louis René Moilliet in Sidi Bou Said als Aquarellkünstler entdeckte und seine Gemälde deutlich die dortige kubische Architektur spiegeln?

ÜBERNACHTEN

Dar Fatma

Design in Weiß • Philippe-Starck-Mobiliar und wandgroße alte Fotos prägen die Atmosphäre in dieser künstlerischen Privatvilla auf einem Felssporn mit Blick auf Karthago und den Golf von Tunis. Die Zimmer sind um einen Patio angeordnet. Schöne Aussichtsterrasse.
Rue Sidi Boutaara • Tel. 71/98 12 84 bzw. 25/24 68 88 • www.darfatma.com • 7 Zimmer • €€€

Hotel Bou Fares ♟♟

Oase abseits der Hauptstraße • Von der Gemeinde geführtes kleines Stadthaus mit einfachen, orientalisch-liebevoll gestalteten Zimmern um einen großzügigen begrünten Innenhof mit einem maurischen Café herum. Allen Gästen steht außerdem der Küchenraum für eigene Kochwünsche zur Verfügung.
15, rue Sidi Bou Fares • Tel. 71/74 00 91 • www.hotelboufares.com • 10 Zimmer • €€

Takrouna ▶ S. 119, E 3

Ein malerisches altes Berberdorf auf einem mitten aus der Landschaft steil aufragenden Felsen. Die weiße Moschee mit den dunklen Kuppeln und die weiß getünchten Häuser

sind schon aus weiter Ferne sichtbar. Über eine kurze, kurvenreiche, von wild wuchernden Feigenkakteen gesäumte Straße erreicht man schließlich das 200 m hoch gelegene, halb verlassene Dorf. Von dort genießt man einen traumhaften Blick, der leider oft durch etwas aufdringliche Jugendliche beeinträchtigt wird. Schnell erreichbar von Hammamet. Von dort aus wird Takrouna auch über zahlreiche Veranstalter als Pauschalausflug angeboten.
100 km südl. von Tunis

◎ **Utica**   ▶ S. 119, D 2

Die Ruinenstätte zwischen Tunis und Bizerte zeigt von ihren Gründern nur Sarkophage, der größte Teil der Mauerfundamente stammt dagegen aus römischer Zeit. Dabei hat Utica eine besondere historische Bedeutung: Hier war es, wo die ersten kleinasiatischen Phönizier, die später das Karthagische Reich errichteten, an Land gegangen waren. Der Ort wuchs bald zu einer blühenden Hafenstadt an, die sich im letzten Punischen Krieg rechtzeitig von ihrer Schwesterstadt Karthago lossagte, mit Rom gemeinsame Sache machte und so der Zerstörung entging. Bis zur römischen Neugründung von Karthago residierte der Statthalter Roms hier. Eine Blütezeit erlebte Utica im 2. Jh. n. Chr.

Als die Vandalen die Stadt zerstörten, hatte sie durch den ständigen Rückzug des Meeres ihre Bedeutung längst verloren. Das Ruinenfeld liegt hinter dem Museum mit einigen Mosaiken und Statuetten römischen und karthagischen Ursprungs.
tgl. 9–19 Uhr • Eintritt für Museum und Ruinen 4 tD
35 km nördl. von Tunis

Die Terrassen des Café Sidi Chebaane (▶ S. 48) mit Traumblick über die Bucht des Künstlerdorfs Sidi Bou Saïd sind ein beliebter Treffpunkt bei Sonnenuntergang.

Boutique in der Medina (▶ S. 50) von Hammamet mit ihren gepflegten, weiß getünchten Häusern. Ein typisches Souvenir sind die überall erhältlichen Keramikprodukte.

Hammamet 🍴   ▶ S. 119, E 3

Das sanfte Klima, die geschützte Lage am gleichnamigen Golf sowie die reizvolle, urwüchsige Landschaft zogen schon Anfang des 20. Jh. Reisende an. Von der Medina, dem Zentrum der Stadt an der Spitze einer Halbinsel, erstrecken sich die Hotelzonen in nördlicher (bis Nabeul) und südlicher Richtung. Die Resorts in Hammamet-Süd liegen zehn und mehr Kilometer entfernt. Jene Hotels, die in der direkt an die Medina grenzenden Bucht liegen, sind die ältesten am Ort. Sie fügen sich harmonisch in die üppig blühende Parklandschaft mit vielen hohen Bäumen ein.

Vor ungefähr 100 Jahren begann hier der moderne Tunesien-Tourismus. Gern besucht wurde das Städtchen auch schon zur Römerzeit: wegen seiner wohltätigen Quellen (»Hammamet« ist der Plural von Hammam = Bad). Damals hieß es Pupput.

Etwa 10 km südlich des Zentrums von Hammamet beginnt **Yasmine**, ein in sich geschlossenes Viertel von mehr als 40 Hotels, meist der oberen Kategorien, mit einer eigenen Marina, Golfplätzen und Ladengalerien.

SEHENSWERTES

Medina

Das Stadtzentrum ist von einer dicken Mauer umgeben und wirkt wie eine Festung. Die Kasbah an der Südwestecke bietet einen schönen Blick auf die Altstadt. Die Häuser, die Gässchen und überdachten Souks sind gut erhalten oder restauriert.

ÜBERNACHTEN

Hasdrubal Thalassa & Spa

Großzügige Eleganz • Der Hotelkomplex besteht aus mehreren ineinander übergehenden dreistöckigen Häusern, die lose durch zierliche Brücken, kleine Teiche und Kanäle miteinander verbunden sind. Mit erlesener Eleganz eingerichtete Suiten warten auf den Gast, dazu gesellt sich ein luxuriöser Wellnessbereich.
Yasmine-Hammamet • Tel. 72/24 40 00 • www.hasdrubal-thalassa.com • 211 Suiten • €€€€

The Russelior

Blühender Palmenhain • Solarzellen, wiederaufbereitetes Betriebswasser, Bettwäsche und Möbel aus Biomaterial – das 2010 eröffnete Fünf-Sterne-Resort bringt zumindest ansatzweise Nachhaltigkeit und Luxusferien zusammen. Das mit einem Spa und großem Außenpool ausgestattete 235-Zimmer-Haus erstreckt sich in einem üppig grünen Palmengarten – in dem auch die Korallenpflanze (»Russelia«) blüht, welche dem Haus seinen Namen gab.
Yasmin-Hammamet • Tel. 72/24 50 00 • www.therusselior.com • €€€€

Dar La Vigne

Orient plus Art déco • Eine Privatvilla in einem Wohnviertel, raffiniert und authentisch ausgestattet im maurischen Stil mit hochwertigen Materialien – vom Marmorboden bis zur Bettwäsche. Das Porzellan stammt vom lokalen Hersteller Kharraz. Hauspersonal, Kochkurse, Jachttouren auf Anfrage.
10, rue Patrice Lemumba • Tel. 72/28 08 60 • www.darlavigne.com • 3 Suiten • €€€

Villa Noria

Reizvolle Bungalowanlage • Konzipiert im Stil eines regionaltypischen Dorfes mit kleinen, klassisch-modern möblierten Tonnendachhäusern für zwei bis sechs Personen, die sich in einer Gartenanlage um die zentrale Villa mit Restaurant, Bar und Pool gruppieren. Villa Noria ist auch bestens für einen Langzeitaufenthalt geeignet. Neuer Spa-Bereich.
Zone touristique Yasmine-Hammamet • Tel. 72/24 00 44 • www.villanoria.com • 57 Bungalows • €€

ESSEN UND TRINKEN

Le Voilier

Mit Segelschiff-Flair • Elegantmaritimes Dekor mit dem Jachthafen als Kulisse. Auf dem Teller: Meeresfrüchte(-Spaghetti) oder ein Kamelsteak, Couscous oder ein Lammcarré. Service allerdings mitunter nicht ganz korrekt.
Marina Yasmine-Hammamet • Tel. 72/24 05 22 • €€€

Time out

Familiäres Bistro • Einfaches und hübsch mit Eisenmöbeln ausgestattetes Café-Restaurant mit fairen Preisen, allerdings ohne Alkoholausschank. Auf der Karte u. a. gegrillter Fisch, Brik und »Tabouna«-Brot.
256, av. de la Liberation • Tel. 28/03 77 70 • €€

SERVICE

AUSKUNFT

Bureau d'Information Touristique

Av. de la république • Tel. 72/28 04 23

CRT Yasmine Hammamet

Station Yasmine-Hammamet (hinter der Medina Mediterranea) • Tel. 72/24 90 62

VERKEHR

Busse

Rue Hedi Quali • Tel. 72/28 01 54

Ziele in der Umgebung

◎ **Kelibia** ▸ S. 119, F 2

Kleiner Fischereihafen im nördlichen Teil des Cap Bon, der dank der nahe gelegenen Strände von Tunesiern auch gern als Sommerfrische genutzt wird. Überragt wird das lebhafte Städtchen durch die Festung aus der Hafsidenzeit (13. Jh.). Kelibia ist eine phönizische Gründung, wurde aber im 16. Jh. von den Spaniern schwer verwüstet. Die etwa 9 ha große Stadt an der Küste des Cap Bon war dicht mit Häusern bebaut. Selbst ihre Relikte künden noch von Größe und Komfort: Treppenreste lassen auf mehrere Stockwerke der Gebäude schließen, und bei Ausgrabungen wurden Badewannen sowie Teile polierter Fußböden (»opus signinum«) gefunden.

68 km nordöstl. von Hammamet

◎ **Kerkouane** ▸ S. 119, F 2

Früher direkt vom Meer umspült, ist Kerkouane das einzige Beispiel einer rein punischen Ruinenstätte und gehört heute zum UNESCO-Welterbe. Man vermutet, dass die Siedlung einst von den Numidiern gegründet wurde. Ihren Reichtum bezog die nur in ihren Grundmau-ern erhaltene Stadt von der Züchtung der Murex-Schnecken, die zur Herstellung der damals gesuchten Purpurfarbe dienten.

April–Mitte Sept. 8–19, Mitte Sept.–März 9.30–16.30 Uhr • Eintritt inkl. Museum 4 tD

77 km nordöstl. von Hammamet

◎ **Korba** ▸ S. 119, E 3

Wenige Kilometer nördlich von Nabeul gelegen, gehört das kleine Städtchen mit seinem sehr langen, noch stillen Strand zu den aufstrebenden Kommunen auf der Halbinsel.

25 km nordöstl. von Hammamet

◎ **Nabeul** ▸ S. 119, E 3

Nabeul ist Hauptort der tunesischen Keramikproduktion. Den Ton für die Töpferei liefert der heimische Boden des Cap Bon. Feine Stickereien und edle Parfümöle (Orangenblüten, Geranien, Jasmin) vervollständigen die Palette des lokalen Handwerks. All diese Produkte finden Sie in reicher Auswahl in dem Bazar unweit der Großen Moschee, dessen Kern ein kleiner Souk mit Alltagswaren (Obst, Gemüse, Stoffe etc.) bildet.

Die Stadt geht in ihren Anfängen bis auf die Phönizier zurück. Bedeutung bekam sie erst unter Kaiser Augustus. Reste des alten Neapolis – so nannten die Griechen die Stadt – sieht man noch heute am Ortseingang (von Hammamet kommend).

10 km nordöstl. von Hammamet

ÜBERNACHTEN

Dar Sabri

Medina-Luxus • Zeitgenössisches Hightech-Design und maurische Architekturtradition paaren sich in diesem restaurierten Altstadthaus mit eigenem Hammam und kleinem

Nabeul (▶ S. 52) gilt als Hauptort für Töpferei- und Keramikkunst, ist aber auch ein bedeutendes Landwirtschaftszentrum. Entsprechend vielfältig ist das Angebot im Souk.

Pool. Alle Accessoires (Geschirr, Bettwäsche etc.) wurden von Künstlern und Kunsthandwerkern speziell für das Dar Sabri gefertigt und können auch erworben werden.
Av. Farhat Hached • Tel. 23/94 93 27 • www.dar-sabri.com • 5 Suiten •
€€€€

Vime Lido

Palmen und Bungalows • Von viel Grün und Wasser geprägte Mittelklasseanlage mit eigenem Strand, großem Sport- und Unterhaltungsangebot sowie Mini-Club für Kinder.
Dar Chaabane Plage • Tel. 72/36 29 88 • www.vimehotels.com • 314 Zimmer • €€€

ESSEN UND TRINKEN
Bon Kif

Fisch für Feste • Auch Einheimische speisen zu festlichen Anlässen gern die sorgfältig zubereiteten Meeresfrüchtegerichte (z. B. Seewolf in Salzkruste, Couscous mit Barsch) und andere tunesische Spezialitäten.
Av. Marbella • Tel. 72/22 27 83 •
€€

SERVICE
AUSKUNFT
CRT

Av. Taieb M'Hiri • Tel. 72/28 67 37

VERKEHR
Busse

– Nationale Busgesellschaft (SNTRI) •
Av. Habib Thameur • Tel. 72/28 54 43
– Regionale Busgesellschaft (SRTGN) •
Av. Habib Thameur • Tel. 72/28 70 00
bzw. 72/28 50 20

Eisenbahn

Gare • Av. Jdedida Magherbia •
Tel. 72/28 51 93

Sousse und der Sahel
Industrie, Fischerei, große Salzseen und ausgedehnte Olivenhaine prägen die Region – dazu schöne Strände, malerische Medinas und prachtvolle Zeugnisse der antiken Kultur.

◄ Von den Wehrtürmen des Ribat
(► S. 56) von Sousse verständigten sich
die Mönchssoldaten untereinander.

Im Sahel, wie man das Gebiet südlich
der Regierungshauptstadt **Sousse**
nennt, stoßen die Gegensätze hart
aufeinander: auf der Mittelmeerseite
ein langer Strandabschnitt mit Hotels, der über **Monastir** bis hinunter
nach **Mahdia** reicht, und im Landesinneren zunächst ein karstiges,
von Salzseen bestimmtes Gebiet mit
einer dahinterliegenden Landwirt-
schaftszone bis vor die Tore der religiösen Metropole **Kairouan**.
Immer noch verbindet eine durch
das Zentrum von Sousse fahrende
altersschwache, aber immer volle
Bahn Städtchen und Stadtteile miteinander. Hier liegt eine der wohlha-
bendsten Gegenden des Landes.

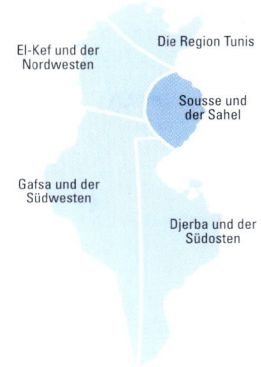

El-Kef und der
Nordwesten

Die Region Tunis

Sousse und
der Sahel

Gafsa und der
Südwesten

Djerba und der
Südosten

Sousse
► S. 119, E 4

175 000 Einwohner
Stadtplan ► S. 57

Sousse ist neben Djerba die zweite Urlauberhochburg des Landes.
Die einzigartige Kombination von
weiten Stränden, wunderschöner
Medina und lebhafter Neustadt trägt
dazu bei, Hotelzone und Stadt gehen
heute unmittelbar ineinander über.
Obwohl der Tourismus die Haupt-
einnahmequelle ist, wird das Gesicht
der Großstadt – vom Zentrum abge-
sehen – keineswegs davon geprägt.
Dank der günstigen Lage mit Hafen
und Autobahn nach Tunis hat sich
Sousse zur drittgrößten Industrie-
stadt des Landes entwickelt, und die
renommierte Universität zieht jedes
Jahr Tausende Studenten an.
Die ersten phönizischen Seeleute ka-
men im 7. Jh. v. Chr. in diese Gegend.
Gegründet wurde Sousse 100 Jahre
später als Hadrumet durch neue
phönizische Einwanderer. 310 v. Chr.
zerstörte der Tyrann Agathokles die
mit Karthago verbündete Stadt. Anfang des 4. Jh. n. Chr. wurde Sousse
Hauptstadt der Provinz Byzacena.
Viele Einwohner bekehrten sich zum
Christentum. Als die Araber 647 die
Stadt angriffen, war sie bereits von
Berberstämmen verwüstet worden.
In der Folgezeit wechselten Epochen
der Blüte und des Niedergangs. Noch
im Zweiten Weltkrieg war die Stadt
Luftangriffen ausgesetzt.
Ein Touristenbähnchen, als »Petit
Train« bekannt, verbindet das Zentrum von Sousse (Place Boujaffar) regelmäßig mit der 10 km nördlich um
den Jachthafen **Port El-Kantaoui**
angelegten gleichnamigen Hotel-
und Vergnügungszone.

SEHENSWERTES
Catacombes du Bon Pasteur
► S. 57, b 4

Vier frühchristliche Katakomben mit
mehr als 15 000 Grabstätten erstrecken sich auf einer Länge von insgesamt 5 km südlich des Zentrums;
jene des »Guten Hirten« (2.–4. Jh., ca.
1600 m) sind teilweise zugänglich.

Rue Abdel Hamid Essaka • April–
Mitte Sept. Di–So 8–12, 15–19,
Mitte Sept.–März 9–12, 14–17 Uhr •
Eintritt 1,5 tD

Ribat   ▶ S. 57, b 2/3

Ribats sind Festungen, die Ende des
8. Jh. an mehreren Küstenorten gebaut wurden. Der Turm (»Nador«)
diente zur Übermittlung von Feuer-
zeichen. Bewohnt wurden die Ribats
von »Mönchssoldaten« – Kriegern,
die sich freiwillig zum Dienst mel-
deten, in den Festungen aber ein
mönchisches Dasein mit Gebeten
und religiösen Ritualen führten. Der
Ribat von Sousse gilt wegen seiner
geometrischen Gleichmäßigkeit als
einer der schönsten des Landes.
April–Mitte Sept. tgl. 8–12.30, 15–
19, Mitte Sept.–März 8.30–17 Uhr •
Eintritt 3 tD

MUSEEN

Musée Archéologique   ▶ S. 57, b 4

Über punische Gräber gebaut, die
zwar einzusehen, aber nicht zu besichtigen sind. Die Kostbarkeit des
Museums sind die Mosaiken aus der
Römerzeit. Mit einer Höhe von bis
zu 2 m zeigen sie Darstellungen aus
Mythologie und Alltag. Sie stammen
alle aus Sousse und dem Umland. Die
Lebendigkeit der Bilder ist atemberaubend, nur im Bardo in Tunis (▶
S. 38) gibt es Vergleichbares. Fische,
die aus den Reusen springen, Römer,
vor ihrem Haus ins Gespräch vertieft,
Gladiatoren im Kampf mit wilden
Tieren. Unter den Exponaten befinden sich auch Statuetten, Öllämp-
chen und Bildnisse aus punischer,
römischer und frühchristlicher Zeit.
Kasbah • April–Mitte Sept. 8–12,
15–19, Mitte Sept.–März 9–12.30,
14–18 Uhr, Fr geschl. • Eintritt 3 tD

SPAZIERGANG

Stadtplan ▶ S. 57

Die Medina eignet sich vorzüglich zu
einem Spaziergang, den man beliebig
ausdehnen oder verkürzen kann. Am
besten beginnt man an der **Großen
Moschee** (Innenhof kann mit einem
Ticket des Syndicat d'Initiative betre-
ten werden) und wendet sich an deren Nordende nach links. Die **Rue de
Paris** führt zur Souk-Straße **Er-Riba**,
wo die Goldschmiede ihr Zuhause
haben. Die Verlängerung **El-Caïd**
mündet nach einigen Treppen in den
Platz vor dem Tor (Bab) **El-Gharbi**.
Sie können nun weiter zum Museum
links mit dem Aussichtsturm **Tour
Khalef** gehen und danach rechts
außerhalb der Stadtmauer zum Ausgangspunkt zurückschlendern.
Auf diesem Bummel durchquert
man einige der schönsten Souks. In
den zahllosen winzigen Läden gibt es
gute Souvenirs zu günstigen Preisen.
Vor den Treppen am Ende der Souk-
Straße El-Caïd lädt die Terrasse des
Café Aladin zu einem Kaffee oder Tee
ein und bietet dabei einen herrlichen
Blick über die Medina aufs Meer.
Dauer: ca. 1 Std.

ÜBERNACHTEN

Die Hotelzone beginnt im Norden
am Ende der Av. Habib Bourguiba
und setzt sich bis **Hammam-Sousse**
fort. Fast alle der über 80 Hotels
gehören zur oberen Preisklasse und
haben direkten Meerzugang.

Mövenpick Ressort & Marina Spa   ▶ S. 57, nördl. c 1

Luxus stadtnah • 2010 eröffnetes
Haus mit edlem Ambiente und einer großzügigen Außenanlage, u.a.
mit Meerwasserpool (im Winter
beheizt), Sushi, Tapas, maurischem

Café und Wellness mit Meerwasser, Olivenöl oder Saharasand.
Bd. du 14 Janvier (Bou Jafaar Strand) •
Tel. 73/20 20 00 • www.moevenpick-
hotels.com • 594 Zimmer • €€€€

Dar Almahdina   ▶ S. 57, b 3

B & B in der Medina • Omar und
seine Frau Nazziha empfangen

ihre Gäste in unmittelbarer Nähe
des Ribat in einem farbenfrohen
Ambiente. Ihr Haus hat einen Patio,
die Räume sind z. T. klein, aber char-
mant. Dinner auf Anfrage, meist aus
frischen, lokalen Produkten.
4, rue de l'Église • Tel. 26/29 22 24
bzw. 98/29 22 24 • www.daralbaraka.
com • 6 Zimmer • €€

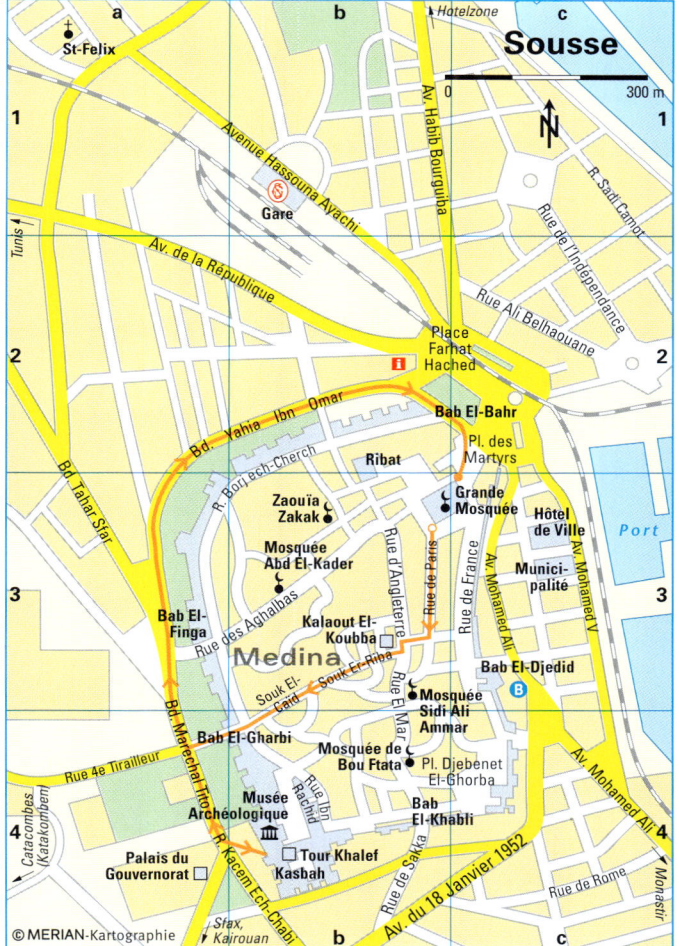

ESSEN UND TRINKEN

Die Hotels an der Corniche haben alle mehrere Restaurants, von denen zumindest eines à la carte serviert.

Bonaparte ▸ S. 57, nördl. b 2

Gepflegt mit Kellerbar • Leicht schwülstige Ausstattung mit Lüstern; internationale und regionale Küche. Rue Tayeb Mehri • Tel. 73/22 53 42 • €€€

El-Soffra ▸ S. 57, b 4

Einheimisch schlicht • Fraj Brahem bietet täglich drei Hauptgerichte, eine Suppe und eine Vorspeisenauswahl, alles gekocht von seiner Frau. Oft frischer Fisch, kein Alkohol. 6, rue El-Soffra • €€

Le Bonheur ▸ S. 57, b 2

Tradition mit Fisch • Bereits in den Fünfzigerjahren eröffnet, inzwischen ein in der zweiten Generation familiengeführtes Lokal in Hafennähe. Günstige Tagesmenüs. Place Farhat Hached • Tel. 73/22 57 42 • €

SERVICE

AUSKUNFT

CRT ▸ S. 57, b 1

Av. Habib Bourguiba • Tel. 73/22 51 57

VERKEHR

Flughafen Enfidha/Hammamet

Tel. 73/10 30 00 • www.enfidha hammametairport.com

MEDIZINISCHE HILFE

Hôpital Farhat Hached (Uni-Krankenhaus) ▸ S. 57, nordwestl. a 2

Rue Ibn el-Jazzar • Tel. 73/22 33 11 bzw. 73/22 14 11 • www.chu-hached. rns.tn

Der Gebetssaal des bedeutendsten tunesischen Heiligtums, der Großen Moschee (▸ S. 61) in Kairouan, zeugt von dem hohen Stand arabischer Architektur.

VERKEHR

Busse   ▶ S. 57, südl. b 4

Gare Routière • Fernbusstation südl.
des Stadtzentrums (Souk Lahad), ca.
30 Min. Fußweg von der Medina

Eisenbahn   ▶ S. 57, b 1

Bahnhof Bd. Hassen Ayachi •
Tel. 73/22 49 55

Mietwagen

– Avis • Route de la Corniche • Tel.
73/22 59 01   ▶ S. 57, nordwestl. b 1
– Europcar • Route de la Corniche •
Tel. 03/22 62 52
                 ▶ S. 57, nordwestl. b 1
– Hertz • 82, av. Habib Bourguiba •
Tel. 73/22 54 28   ▶ S. 57, b 1

Ziele in der Umgebung

◎ **El-Djem** 🔴5 🚻   ▶ E 4, S. 119

Von welcher Seite man auch kommt
– das riesige **Amphitheater** dominiert den gesamten Ort. Dank der
günstigen Witterung hat sich das
imposante Bauwerk aus dem 3. Jh.
auch farblich in seinem Originalzu-
stand erhalten. Die Arena allein misst
64 x 39 m, das ganze Theater hat
einen Umfang von 427 m. Auffallend
gut erhalten sind der unterirdische
Teil mit den Räumlichkeiten für
Gladiatoren und Tiere (vornehmlich
fanden hier Tierspektakel statt, später wurden auch Christen den wilden
Bestien vorgeworfen), mit Magazi-
nen und Durchläufen.
Der Machtkampf zwischen Kaiser
Maximinus und den Großgrund-
besitzern von Thysdrus (El-Djem)
bescherte dem Theater nur eine kurze
Spiel- und Lebenszeit. Einen Teil der
eingestürzten Zuschauertribünen hat
man erneuert. Alljährlich im Juli zu
den Festspielen füllt sich das grandio-
se Bauwerk jedoch wieder mit Leben.

> **WUSSTEN SIE, DASS …**
>
> … das Kolosseum von El-Djem
> einst nach jenem von Rom und
> Capua (bei Caserta) das drittgröß-
> te des Römischen Reiches war und
> Platz für 35 000 Zuschauer bot?

April–Mitte Sept. 7–19, Mitte Sept.–
März 8–17.30 Uhr • Eintritt 6 tD (Kom-
biticket mit Archäologischem Museum)
55 km nördl. von Sfax

MUSEEN

Museum von El-Djem

Wenige Meter vom Theater entfernt
präsentiert das Museum schöne
Mosaiken aus den römischen Villen
des in seiner Blütezeit sehr wohl-
habenden Thysdrus. Eines zeigt in
leuchtenden Farben Orpheus, wie er
die Tiere verzaubert. Viele Exponate
wie Statuetten und bronzene Gegenstände stammen aus punischer und
frühchristlicher Zeit.
April–Mitte Sept. 7–19, Mitte Sept.–
März 8–17.30 Uhr • Eintritt 6 tD

◎ **Kairouan** 🔴6   ▶ S. 119, D 4

115 000 Einwohner

Erste Metropole des arabischen
Nordafrika und damals auch eine
der größten Städte des Mittelmeer-
raums, fasziniert Kairouan heute
noch durch seine Authentizität. Die
gut erhaltene Medina zählt zum
UNESCO-Weltkulturerbe. Zwischen
ihren Dachterrassen schimmern immer wieder die weißen kleinen Kuppeln der **Zaouias** auf, jene Bauwerke,
die für Heilige und Geistliche errichtet wurden. Sie künden von der
wichtigen religiösen Stellung, welche
die aus dem Feldlager (Quaryrawan
= Lager) des Eroberers Okba Ibn
Nafi 671 erwachsene Stadt bis heute

Kamel am Schöpfbrunnen Bir Barouta (▶ MERIAN-Tipp, S. 61). Das als heilkräftig geltende Wasser soll unterirdisch mit dem Brunnen von Mekka verbunden sein.

inne hat. Nach Mekka, Medina und Jerusalem ist sie die viertheiligste für gläubige Muslime.

Im Streit mit den schiitischen Fatimiden, die sich im benachbarten **Mahdia** festgesetzt hatten, behielt Kairouan zunächst die Oberhand. Später rächten sich jedoch die inzwischen ins ägyptische Kairo ausgewanderten Fatimiden an der Stadt und dem ganzen Land und schickten 1054 den als wild und grausam verschrieenen Stamm der Beni Hilal, der Kairouan zerstörte. Mit dem Beginn der Aghlabiden-Dynastie begann erneut der Aufstieg Kairouans zu einem religiösen Zentrum.

52 km westl. von Sousse

SEHENSWERTES
Aghlabiden-Bassins
Die bereits 862 gebauten Bassins am Stadteingang gelten als Meisterwerke der arabischen Ingenieurskunst.

Das größere der beiden hat einen Durchmesser von 128 m und eine Tiefe von 5 m. 118 Pfeiler stützen die Außenmauern. Das kleinere Bassin (mit 34 m Durchmesser) diente als »Kläranlage«. Hier kam das Wasser aus den Zuflüssen des **Wadi Marguellil** an und floss durch eine Überlauföffnung in das große Becken. Die Bassins kann man nicht besichtigen, sie sind aber vom Turm des Tourismusbüros nebenan einzusehen.

Barbiermoschee
So genannt nach Abu Zam'a al-Balawi, Gefährte und Vertrauter des Propheten. Er kam mit den ersten Arabern in diese Gegend, wo er 654 in einer Schlacht fiel. Seine Gebeine ruhen in diesem Mausoleum. Die Wände des eigentlichen Grabmals sind mit schönen Fayencen bedeckt, die Decke ist mit kostbaren Hölzern in herrlicher Bemalung ausgestattet.

Sa–Do 8–17.30, Fr 8–12 Uhr • Sammelticket mit Großer Moschee 6 tD

Große Moschee

Vom Gründer der Stadt 671 erbaut, bekam das bedeutendste islamische Heiligtum Tunesiens seine aktuelle Gestalt unter Ziyadat Allah im Jahr 836. Für Besucher zugänglich ist nur der mit Marmorplatten ausgelegte, würdevolle Hof, von dem man einen Blick in den immer offenen Gebetssaal werfen kann. Hier fasziniert vor allem die Anordnung der Säulen, die die arabischen Ingenieure als hervorragende Mathematiker ausweist. Ob man geradeaus, nach rechts oder links schaut – immer hat man eine gerade Säulenreihe vor sich. In der Mitte des Hofes gibt es eine Sonnenuhr zur Errechnung der Gebetszeiten. Sa–Do 8–14, Fr 8–12 Uhr • Sammelticket mit Barbiermoschee 6 tD

MUSEEN
Musée du Tapis

Mehr als 100 verschiedene Teppiche vor allem aus dem 18. und 19. Jh., aber auch zeitgenössische Modelle nach alten Mustervorlagen. Einer der Museumsräume beherbergt zudem eine Verkaufsausstellung. Av. Ali Zouaoui • Mo–Do, Sa 8.30–13, 15–17.45, Fr, So 8–13, im Sommer 7.30–13.30 Uhr • Eintritt 3 tD

ÜBERNACHTEN
La Kasbah

In der Stadtmauer • Sowohl in seiner Architektur wie in seiner Ausstattung lehnt sich das einzige Komforthotel der Stadt an maurische Vorbilder an. Zwei Restaurants, Bar, Pool. Av. Ibn el-Jazzar • Tel. 77/23 73 01 • www.goldenyasmin.com • 97 Zimmer • €€

ESSEN UND TRINKEN
Karawan

Familiär • Couscous, Tajine, Briks und was sonst noch zur Basis der tunesischen Küche zählt, wird hier in guter Qualität und sauberem Umfeld auf den Tisch gezaubert. Rue Soukeina bent el-Houcine • Tel. 77/23 25 56 • €

EINKAUFEN

Kairouan ist seit Jahrhunderten Tunesiens unumstrittene Teppich-Metropole. In den großen Geschäften kann man auch oft bei der Teppichweberei und -knüpferei zusehen (nützliche Tipps zum Teppichkauf ▸ Im Fokus, S. 24).

SERVICE
AUSKUNFT
CRT

Place des Martyrs • Tel. 77/23 18 97

MERIAN-Tipp **5**

TEE BEIM BRUNNEN
▸ S. 119, D 4

Tierliebhaber dürfte der Ziehbrunnen in der ersten Etage eines Kairouaner Medina-Hauses aus dem 17. Jh. entsetzen, denn ein Dromedar mit verbundenen Augen treibt das Schöpfrad an. Vielen Gläubigen indes gilt das Wasser des Bir Barouta als heilig, und sie lassen es sich eigens abfüllen. Vor oder nach der Zeremonie passt eine Rast auf den Kissen des benachbarten maurischen Cafés. Besonders schön sitzt man dort im Fenster des rechten Raumes. Östlich der Av. Habib Bourguiba • tgl. 8.30–18 Uhr

◎ Kerkennah-Inseln ▸ S. 121, F 5

Hier erstrecken sich endlos lange, einsame Strände und eine fast unberührte Naturlandschaft. Das Wasser ist so seicht, dass man kilometerweit laufen kann. Wer wirklich einmal abschalten möchte, ist richtig auf diesen Inseln. Man isst vorzüglich Meeresfrüchte, vor allem die hier beheimateten Kraken (»poulpe«), und Fisch-Couscous. Mit den Fischern kann man aufs Meer fahren, und auf einer winzigen vorgelagerten Insel laufen Kamele frei herum.

25 km vor der Küste von Sfax

ÜBERNACHTEN
Dar Kerkennah

Humane Dimension • Wie eine befestigte Privatvilla mutet dieses 2010 eröffnete strandnahe Hotel unweit des Forts an. Farbenfroh-schlichte Räume, Restaurant, Pool und Sauna. Route Touristique Borj Elhsar, km 2, Sidi Fredj • Tel. 74/48 90 16 bzw. 74/48 90 17 • www.darkerkennah. com • 16 Zimmer • €€

ESSEN UND TRINKEN
Le régal Chez Najette

Frauenpower • Seit vielen Jahren eine familiäre Adresse für Fisch: Klassiker sind die Tintenfischsuppe, »ojja« mit Crevetten und Meeresfrüchte-Spaghetti. Menüs und anderes auf Anfrage, auch Zimmer. El-Attaya • Tel. 74/48 41 00 bzw. 98/29 12 35

SERVICE
VERKEHR
Fähre

Die Auto-/Personenfähre von Sfax zu den Inseln verkehrt mehrmals am Tag, wechselnde Abfahrtszeiten, Fahrzeit ca. 1 Std. • Tel. 74/49 82 16

◎ Mahdia ▸ S. 119, F 4

Der ungebrochene Charme der malerischen Altstadt und der lange weiße Sandstrand locken jeden Sommer mehr Touristen an, sodass sich die Zahl der Hotels in den letzten Jahren deutlich erhöhte. Auch die aus spanischer Zeit stammende Festung **Borj el-Kebir** lohnt einen Besuch. Der natürliche Hafen war einst ausschlaggebend für diese punische Gründung. Bedeutung erlangte Mahdia im 9. Jh., als es die schiitischen Fatimiden zu ihrer tunesischen Hauptstadt und zum Gegenpol des sunnitischen Kairouan machten.

55 km südöstl. von Sousse

ÜBERNACHTEN
Mahdia Palace

Strandburg • Hinter einer Art Burgportal im maurischen Stil verbirgt sich eine großflächige Anlage mit Thalasso-Zentrum und Neun-Loch-Green für Freunde des Golfsports. Zone Touristique • Tel. 73/68 37 77 • www.mahdiapalace.com • 450 Zimmer • €€€

Résidence Dar Sidi ❦❦

Strand und Garten • Kleine, ruhige Anlage im landestypischen Stil mit einfachen, in Orange oder Türkis gehaltenen Räumen rund um den zentralen Patio. Kleiner Swimmingpool, angeschlossenes Restaurant. Route de la Corniche Rejiche • Tel. 24/69 96 29 bzw. 73/68 70 01 • 10 Zimmer • €€

ESSEN UND TRINKEN
Le Lido

Hafen-Chic • Traditionsreiche Adresse für Meeresfrüchte und Fisch. Man sitzt unter rotem Stoffhimmel an weiß eingedeckten Tischen.

Av. Farhat Hached • Tel. 73/68 13 39 •
€€

Chez Ali

Einfaches Lokal • Volkstümliche
Gaststätte für Couscous und gegrill-
ten Fisch. Man kann auch auf einer
kleinen, schattigen Terrasse sitzen.
Place du 1er Mai • Tel. 98 88 55 82 • €

◎ Monastir   ▸ S. 119, E 4

Die Geburtsstadt und letzte Ruhe-
stätte des Republikgründers Habib
Bourguiba gehört zu den bekann-
testen (und von ihm stark geförder-
ten) Touristenorten des Landes. Die
meisten Hotels liegen an einem sehr
schönen Sandstrand in **Skanès-La
Dhkila** (Richtung Sousse), ein
Mini-Zug verbindet sie mit der
Stadt. Der Jachthafen mit Hotel
und Ferienwohnungen verfügt über
400 Anlegeplätze (Tel. Capitainerie
73/46 23 05).

Die Ursprünge Monastirs reichen
zurück bis in die punische Zeit.
Unter dem Namen Ruspina hatte Ju-
lius Cäsar hier einen Stützpunkt für
seine Afrikafeldzüge angelegt. Die in
Kairouan residierenden Aghlabiden
errichteten die Festung.
16 km östl. von Sousse

SEHENSWERTES

Ribat ⚲⚲

Diese Festung gehört zu den größten ihrer Art und beherrscht das
Stadtbild von Monastir. Sie wurde
im Verlauf der Jahrhunderte immer
wieder erweitert, verändert und – in
jüngster Zeit – renoviert. Man betritt
den Ribat durch eine Nebenpforte
und steht sofort auf dem riesigen
Innenhof, in dem auch die Festivals
von Monastir stattfinden. Die Zellen
der Ritter und den **Nador**, den Feu-
erturm, erreicht man über Treppen
an der Innenmauer. Im Nebenhof

Die monumentale Festungsanlage des Ribat (▸ S. 63) von Monastir wurde bereits
Ende des 8. Jh. auf den Resten einer byzantinischen Klosteranlage errichtet.

befanden sich die Wohnzellen der weiblichen Mönchssoldaten.

Der im ersten Stockwerk gelegene ehemalige Gebetssaal der Ritter wurde 1958 in ein **Museum** umgewandelt. Beeindruckend sind vor allem die frühchristlichen (koptischen) Textilreste aus Ägypten und die Korantexte mit zum Teil goldenen kufischen Schriftzeichen.

Tgl. 8–19, im Winter 8–17.30 Uhr • Eintritt für Ribat und Museum 4 tD

ÜBERNACHTEN
Royal Thalassa Monastir

Erholsame Unterkunft • Komfortables, modern eingerichtetes Strandhotel mit 5 ha Garten und 16 000 qm Spa-Bereich. Gutes internationales Restaurant, jeweils auch mit tunesischen Spezialitäten.

Route Touristique Skanes • Tel. 73/ 52 05 20 • www.thalassa-hotels.com • 280 Zimmer • €€€

Monastir Centre

Stadthotel • Etwa in der Mitte zwischen Bahnhof und Strand gelegen, bietet das Haus lichte Räumlichkeiten in hellen Tönen, zwei Pools, Sauna und Hammam.

Av. Habib Bourguiba • Tel. 73/ 46 78 00 • www.hotelmonastir center.com • 185 Zimmer • €€

ESSEN UND TRINKEN
Le Pirate

Einheitspreis • Nur ein Menü, aber mit acht Vorspeisen und drei Fischgerichten, für eine Pauschale von ca. 30 tD/Person. Kein Alkohol.

Port de la peche El-Ghedir • Tel. 73/46 81 26 • €€

SERVICE
AUSKUNFT
CRT

Rue de l'Indépendance • Tel. 73/52 02 05

Die Place de la République mit dem Rathaus von Sfax (▸ S. 65). Die Universitätsstadt hat sich in den letzten Jahren zu einem bedeutenden Industriestandort entwickelt.

MEDIZINISCHE HILFE
Kreiskrankenhaus
Rue Farhat Hached • Tel. 73/46 21 70

VERKEHR
Eisenbahn
Gare Habib Bourguiba •
Tel. 73/46 07 55

Flughafen
Tel. 73/52 00 00

◎ **Sfax**   ► S. 121, E 5
In ihrem von einer Mauer aus dem
9. Jh. umringten historischen Kern
birgt Tunesiens zweitgrößte Stadt (ca.
260 000 Einwohner) eine Medina, die
zu der schönsten und ursprünglichs-
ten des Landes zählt. Alle in der Kairo-
er Altstadt spielenden Szenen aus dem
Film »Der englische Patient« wurden
hier gedreht, und zum Ramadan findet hier ein Festival mit zahlreichen
Konzerten statt. Authentische Souks
mit Stoff, Schmuck und Handwerk-
lichem finden sich ebenso in den Alt-
stadtgassen wie die **Große Moschee**
und das **Café Diwan** (im Borj Erssas,
einem Stadtmauerturm beim Bab
Diwan) mit Aussichtsterrasse.
Sfax birgt zudem zwei interessante
Museen: das der Volkskunde gewid-
mete **Dar Jallouli** in einem Stadtpa-
lais (17. Jh.) mit gekacheltem Innenhof und wunderbaren Holzarbeiten,
bemalten Decken und Alkoven sowie
Rekonstruktionen etwa einer typisch
sfaxischen Hochzeit (Medina, Di–So
9.30–16 Uhr, Eintritt 1,5 tD) und das
Musée Archéologique im Eingangs-
bereich der Stadtverwaltung. Es bietet regionale Funde aus römischer,
prähistorischer und islamischer Zeit,
darunter schöne Mosaiken, Kerami-
ken, Gläser und Grabbeigaben (Pl.
de la République, Mo–Sa 8.30–12.30,

15–17.30 Uhr, Eintritt 2,5 tD). Sfax
ist auch Tunesiens zweitgrößter Hafen und wichtiger Industriestandort:
für Erdgas, Fischerei, den Export von
Phospat und landwirtschaftlichen
Produkten, vor allem des in der Region gewonnenen Olivenöls.
133 km südl. von Sousse

ÜBERNACHTEN
Les Oliviers Palace
Eleganz in Hafennähe • Zentral gelegenes, renoviertes und erweitertes
Haus im neomaurischen Stil, in dem
sich Tradition und Moderne paaren.
Zwei große Restaurants, Indoorpool.
25, av. Hedi Chaker • Tel. 74/20 19 99 •
www.goldenyasmin.com • 137 Zimmer • €€€

Dar Selma
Privatzimmer • Salma und Hafedh
bieten in ihrer schneeweißen Villa eine familiäre Unterkunft in schönen
Räumen mit Kaminsalon, Terrasse
und großzügiger Küche. Diner auf
Anfrage, Kochkurs möglich.
Route de Gremda, km 5 • Tel. 22 13
54 46 • www.darsalma.com •
4 Zimmer • €€

ESSEN UND TRINKEN
Bagdad
Fischspezialitäten • Beliebte Adresse
sowohl bei Einheimischen als auch
bei ortsansässigen Ausländern. Neben Meeresgerichten gute tunesisch-
französische Küche, z. B. die örtliche
»soupe à la sfaxienne«.
63, av. Farhad-Hached • Tel. 74/
22 38 56 • €€€€

SERVICE
AUSKUNFT
Office du Tourisme
Chott el-Kereknah • Tel. 74/21 10 40

Djerba und der Südosten
Gold-sandige Strände auf der »Insel der Lotosesser«, Oasen-städte, umgeben von dichten Dattelhainen, und Wüsten-abenteuer mit uralten Berberburgen am Rand der Sahara.

◄ Sonnenuntergang und Karibikflair auf der Insel Djerba (► S. 73), einem der beliebtesten Reiseziele des Landes.

El-Kef und der Nordwesten

Die Region Tunis

Sousse und der Sahel

Gafsa und der Südwesten

Djerba und der Südosten

Die Gegend um Gabès hat in den letzten Jahren eine rasante Entwicklung durchlaufen. Der stark gestiegene Transitverkehr mit Libyen führte zu einer spürbaren Verbesserung der Verkehrswege, die Stadt Gabès selbst wird inzwischen auf einer Autobahn großräumig umfahren.

Direkt an den Stadträndern von Gabès manifestiert sich das landesweit bekannte Kunsthandwerk der Region, ergänzt durch ein reichhaltiges Angebot an Früchten, von denen die Granatäpfel als die besten Tunesiens gelten. Westlich beginnt das bis zur algerischen Grenze reichende Gebiet der Nomadenstämme, deren Umfang sich zwar stark dezimiert hat, denen man unterwegs dennoch immer wieder einmal begegnet.

Gabès ► S. 121, D 6

120 000 Einwohner

Gabès gehört zu den schönsten Oasen Tunesiens überhaupt. Zur Frühjahrsblüte leuchten zahlreiche Obstbäume, Aprikosen, Pfirsiche, Birnen, Äpfel und alle Arten von Zitrusfrüchten wie in einem Paradiesgarten. Die farbenprächtigsten Blüten steuert der Granatapfel bei, eine für die Oase typische Obstart. Gabès eignet sich auch hervorragend als Standort für Ausflüge in das faszinierende **Dahar-Gebirge** und die **Nefzaoua-Oasen**.

Die südlichste Großstadt des Landes hat sich in den letzten Jahren nicht zuletzt dank seiner ausgezeichneten Verkehrsanbindung zu einem Standort großer Industrieanlagen, darunter auch Erdölraffinerien, entwickelt. Durch die Ausbaggerung des bislang fast nur für die Fischerei genutzten Hafens 2006 hat sich Gabès eine neue Einnahmequelle geschaffen: Immer öfter legen hier Kreuzfahrtschiffe für einen Tag an, deren Passagiere in organisierten Ausflügen die ausgesprochen vielseitige Umgebung besuchen.

SEHENSWERTES

Oase 🏃‍♂️

Ein Besuch der Oase von Gabès, durch die hohen Palmen schon von Weitem sichtbar, ist ein herrliches Erlebnis. Der Weg führt vom Droschkenplatz vorbei an hohen und niedrigen Palmen, an Granatapfelbäumen mit weithin leuchtenden Früchten oder Blüten nach **Chenini** (► S. 69), einem kleinen Ausflugsort. Etwa 2 km vor Gabès, aus Richtung Kebili kommend, führt eine ausgeschilderte Straße direkt dorthin. Sehr vergnüglich ist eine Fahrt mit der Droschke, die am Oaseneingang auf ihre Kunden wartet.

Souk

Der Souk von Gabès liegt neben der Großen Moschee am Ende der Av.

Habib Bourguiba. Die für diese Art von Souk typische Architektur, Arkaden auf beiden Seiten eines Innenhofes, und das reiche Warenangebot machen den Marktbesuch zu einem Vergnügen.

MUSEEN

Musée des Arts et Traditions populaires

In den Zellen einer Medersa (Koranschule) aus dem 17. Jh. sind Exponate zu Themen wie Oasenkultur, Hochzeit, Küche und Kunsthandwerk ebenso versammelt wie archäologische Fundstücke aus der Region. 2 km südl. des Stadtzentrums, bei der Moschee Sidi Boulbaba • Di–So 9.30–16.30, im Sommer 8–12, 16–19 Uhr • Eintritt 3 tD

MERIAN-Tipp **6**

HÖHLENGENUSS 🍴🍴 ▶ S. 121, E 8

»Kleines Haus« bedeutet der Ortsname Douiret in der Berbersprache. Raouf ist Berber und in einem der höhlenartig in den Berg getriebenen Bauten hoch über dem Tal aufgewachsen. Seine Familie wohnt unten in der Neustadt, doch der junge Mann will Alt-Douiret, dessen troglodytische Bauten (inklusive Ölmühle und Moschee) sich weit am Hang entlangziehen, wiederbeleben. Er hat bereits Restaurierungen angestoßen, selbst Hand angelegt und ein Restaurant namens Chez Raouf sowie ein Gästehaus in dem ansonsten nur noch von einer Familie bewohnten Douiret eingerichtet. Tel. 75/87 80 99 bzw. 97/49 72 42 • www.gitedouiret.com • €€

ÜBERNACHTEN

Dar Ali Bey

Mitten im Souk • Tradition und Moderne paaren sich dezent in diesem Gemäuer aus ottomanischer Zeit mit zwei Patios. Himmelbett, frei stehende Badewanne, voll ausgestattete Küche und kleine Dachterrasse. Dinner auf Anfrage möglich. Souk Jara • Tel. 97 14 67 16 • E-Mail: daralibey@hotmail.com • 3 Zimmer • €

ESSEN UND TRINKEN

De l'Oasis

Ein Klassiker • Elegantes, gemütliches Restaurant Richtung Meer. Auf den Tisch kommt eine gelungene Mischung aus französischer und tunesischer Küche. 15, av. Farhat Hached • Tel. 75/ 27 30 87 • €€

SERVICE

AUSKUNFT

CRT

Pl. de la Libération • Tel. 75/27 02 54

MEDIZINISCHE HILFE

Clinique Bon Secours

Tel. 75/27 14 00

VERKEHR

Busse

Regionale Busgesellschaft • Gare Routière, Route de l'Oasis • Tel. 75/27 42 48

Mietwagen

– Avis • Rue du 9 Avril • Tel. 75/27 02 10
– Europcar • 12, av. Farhat Hached • Tel. 75/27 47 20
– Hertz • 30, rue Ibn el-Jazaar • Tel. 75/27 05 25

Die einsam gelegene Moschee von Chenini (▶ S. 69). Der seit Jahren fast verlassene Ort geht auf das 12. Jh. zurück und gilt als Inbegriff eines echten Berberdorfes.

Ziele in der Umgebung

◎ **Chenini** 👣🍴 ▶ S. 121, E 8

Dieses Bergdorf des Dahar-Gebirges, das wie ein Überbleibsel aus vergangener Zeit wirkt, ist eines der meistbesuchten Ausflugsziele Südtunesiens. Man erreicht auf einer guten Asphaltstraße von Tataouine aus zunächst am Fuß eines Berges das neue Chenini und nach mehreren steil ansteigenden Kurven durch eine eindrucksvolle urzeitliche Landschaft das auf einen zweiteiligen Bergkamm gebaute alte Chenini.

Die typische schneeweiße Moschee auf dem höchsten Punkt markiert auch das Ende des alten Ortes. Die Wohnhöhlen, die man wie einen Stollen in den Berg getrieben hat, verfügen über einen gemauerten Eingang und einen kleinen Vorhof für die Lasttiere, ohne deren Hilfe in früherer Zeit nichts in den Ort transportiert werden konnte.

Das **Kenza Chenini** ist eine einfache, auch bei Einheimischen sehr beliebte Adresse zum Übernachten in solchen Höhlen (Tel. 97/28 40 86,

Schlafraum im Hotel Marhala (▶ S. 71) in Matmata. Einige der Höhlenwohnungen, die vor der gleißenden Sommerhitze schützen, wurden zu Hotelzimmern umgebaut.

www.kenza-chenini.com €). Diese Troglodytenherberge zählt wie das zugehörige Höhlenrestaurant und der Speicher (»ghorfa«) zum Centre d'animation culturelle et touristique des Ortes, das ein kunst- und kultursinniger Arzt ins Leben gerufen hat. Eine ebenfalls in den Fels gehauene Moschee auf der unbewohnten Bergseite beherbergt die Gräber der legendären **Sept Dormants** (Sieben Schlafende, bisweilen wegen ihrer Größe auch die **Sieben Riesen** genannt). Über die Herkunft dieser Sagengestalten gibt es keine verlässlichen Angaben. Nur wenige der Höhlen, einst Zuflucht der berberischen Urbevölkerung, sind noch bewohnt. Vom neuen Chenini führt eine noch im Ausbau befindliche Piste (10 km) in das Berberdorf **Guermessa**, über dem ebenfalls eine weithin sichtbare schneeweiße Moschee thront. Von dort hat man eine einmalige Aussicht über die gesamte Gebirgsregion.
160 km südl. von Gabès

◎ Gigthis   ▶ S. 121, E 7

Während ihrer Glanzzeit vom 2. bis zum 4. Jh. n. Chr. galt Gigthis als eine der schönsten römischen Städte auf dem afrikanischen Kontinent. Die erste Erwähnung geht auf eine griechische Schrift aus dem 4. Jh. v. Chr. zurück. Nach dem Zweiten Punischen Krieg eignete sich Berberkönig Massinissa den Ort an, bis er 46 v. Chr. unter Cäsar römisch wurde. Mit der Ernennung zur Stadt (»municipium«) durch Kaiser Antoninus Pius begann der Aufschwung der an zwei für den damaligen Handel wichtigen Straßen gelegenen Stadt. Aus dieser Zeit stammen die meisten der noch erhaltenen Ruinen und viele Fundstücke, die das **Bardo-Museum** in Tunis (▶ S. 38) aufbewahrt. Nach dem Einfall der Vandalen 430 n.Chr. verließen die Einwohner fluchtartig die Stadt.

Die arabische Invasion ließ Gigthis völlig im Nebel der Geschichte verschwinden. Sichtbar sind noch heute der **Merkur-Tempel**, der für die geschäftstüchtigen Bewohner als Gott des Handels große Bedeutung hatte, das **Forum** als Herz der Stadt mit einem Kapitol (auch Tempel des Jupiter Serapis), ein Herkules-Tempel, Thermen mit sehr gut erhaltenen Mosaiken, das Ost-Tor und Reste des Marktplatzes. Von den Ruinen hat man einen schönen Blick auf das Meer, leicht getrübt durch das etwas verwahrloste Ruinenfeld.

Um nach Gigthis zu gelangen (nicht ausgeschildert), biegt man vor der Fähranlegestelle **Jorf** rechts ab in Richtung Médenine und durchfährt auf dieser Straße den Ort **Bou Grara**. Unmittelbar danach macht die Straße einen scharfen Knick nach rechts – hier liegt linker Hand Gigthis.

85 km südöstl. von Gabès

◎ **Matmata**   ▸ S. 121, D 7

Bekanntestes und auch größtes Höhlendorf Tunesiens. Die gesamte Region bildete über die Jahrhunderte hinweg einen sicheren Zufluchtsort für die Berber, die Ureinwohner des Landes. Während im nicht weit entfernten **Chenini** (▸ S. 69) Stollen in die Berge getrieben wurden, hat man hier einen anderen Weg eingeschlagen: Alle vertikal in die weiche Erde getriebenen Schächte sind unterirdisch und enden in einem (künstlichen) Krater. Der Zugang zu den Wohnungen, die sich um den Krater gruppieren, erfolgt über eine Treppe, die nach den Wohnstätten abbricht. Ob diese Bauweise vornehmlich dem Schutz vor Unbilden der Witterung diente oder auch Verteidigungscharakter hatte, ist heute nicht mehr genau nachvollziehbar. In jedem Fall stellt sie ein sehenswertes Kuriosum dar.

45 km südl. von Gabès

ÜBERNACHTEN

Hotel Marhala ⛺⛺

Höhlenzimmer • Eine der wenigen guten der zahlreichen troglodytischen Unterkünfte im Ort. Zwar einfach, aber sauber, und die Räume sind recht groß. Mit Restaurant.

Tel. 6 43 00 27 • E-Mail: marhala.mat mata@gmail.com • 72 Betten • €

◎ **Médenine**   ▸ S. 121, E 7

Hauptstadt des gleichnamigen Gouvernements, das bis Djerba und zur libyschen Grenze reicht. Durch diese Funktion ist die einstige Berbermetropole in den letzten Jahren ständig gewachsen und ein guter Ausgangspunkt für Fahrten in die malerischen Dörfer des **Dahar-Gebirges**. Das Trockenbett des Wadi Smar bildet den Mittelpunkt der auf- und absteigenden Straßen. Die dicht aneinanderliegenden Geschäfte bieten ein umfangreiches Angebot an traditionellen kunstgewerblichen Erzeugnissen. Der Ksar ist nun ein Komplex von Souvenirläden.

Etwa 2 km westlich von Médenine erstreckt sich auf einer kleinen Anhöhe der **Ksar von Metameur**. Die zweistöckigen und türlosen Speicher (»Gorfa«), die einst zur Getreidelagerung dienten und das prägende Bild der Region sind, umfassen einen quadratischen Hof. Von hier geht der Blick weit ins Land hinein, kaum ein Geräusch stört die Stille.

79 km südöstl. von Gabès

◎ Tataouine ▸ S. 121, E 8

Die in einer Nomadenregion gelegene Stadt (90 km vor der libyschen Grenze) wurde im Ersten Weltkrieg von den Franzosen angelegt und bietet selbst keine Sehenswürdigkeiten. In unmittelbarer Umgebung befinden sich zahlreiche Berberburgen (»Ksour«), die einen Besuch sehr lohnen. Im März/April findet das **Festival des Ksours Sahariens** mit Reiterspielen (▸ S. 27) statt.

Das **Djebel-Dahar-Gebirge** zwischen Matmata und Tataouine zählt zu den reichsten paläontologischen Ausgrabungsgebieten Nordafrikas. Vor Millionen von Jahren erstreckte sich hier ein dichter Urwald, in dem zahlreiche Dinosaurier lebten.
130 km südl. von Gabès

MUSEEN

Musée de la Terre ⚥

Maritime Fossilien, Skelettteile von Dinosauriern und andere Fundstücke aus der jahrmillionenalten Vergangenheit der Region birgt dieses kleine, liebevoll geführte und immer wieder um Exponate ergänzte Museum der Erdgeschichte.
Zone Touristique Route Chenini (ca. 3 km vom Stadtzentrum) • Tel. 75/85 02 44 • www.aamtt.com • tgl. 9–17 Uhr • Eintritt 3 tD

ÜBERNACHTEN

Hotel Dakyanus

Großzügige Anlage • Oasenansicht oder lieber Poolblick? Auf dem 10 ha großen Terrain dieses Drei-Sterne-Hauses im tunesischen Stil befinden sich auch drei Restaurants.
Route El-Ferch (Richtung Gomrassen, ca. 6 km außerhalb) • Tel. 75/83 21 99 bzw. 75/83 22 32 • www.dakyanus hotel.com • 100 Zimmer • €€€

WUSSTEN SIE, DASS …

… im Ksar Hedada bei Tataouine sowie in der Wüste bei Onk el-Jmel nahe Tozeur »Star Wars« gedreht wurde und die Schlucht von Sidi Bouhellal als Kulisse für den Film »Der englische Patient« diente?

SERVICE

AUSKUNFT
CRT
Av. Habib Bourguiba •
Tel. 75/85 06 86

VERKEHR
Bus
Tel. 75/86 21 38

◎ Zarzis ▸ S. 121, F 7

Die durch einen bereits in römischer Zeit bestehenden Damm (7 km lang) mit der Insel Djerba verbundene Stadt gelangte durch die Errichtung einer Freihandelszone zu einem gewissen Wohlstand. Die seit mehr als 40 Jahren existierende Hotelzone befindet sich im vor der eigentlichen Stadt gelegenen Viertel Sangho.
145 km südöstl. von Gabès

ÜBERNACHTEN

Odyssée Ressort & Thalasso

Luxus im Berberstil • Strahlend weiße Anlage inmitten eines Palmenhains. Als Baumaterial diente v. a. Palmen- und Olivenholz. In den mit allem Komfort ausgestatteten, fast 40 qm großen Zimmern dominiert erlesenes lokales Kunsthandwerk. Mehrere Restaurants, Cafés, Thalasso und schöner, großer Pool.
Zone Touristique • Tel. 75/70 57 05 • www.odyssee-resort.com • 316 Zimmer • €€€

Residence Sultana

Kleiner Ruhepol • Friedlich gelegen im Herzen der Meeresoase, umgeben von Palmen, Mimosen, Bougainvilleen, Jasmin, Hibiskus und Lorbeerbäumen, empfängt das ehemalige Gut nun seine Gäste mit geschmiedeten Himmelbetten, schattigen Terrassen sowie einem Hammam und Spa-Bereich. Privatstrand und Restaurant mit Meerblick.
Route touristique (8 km nördl. von Zarzis) • Tel. 75/70 51 15 • www.residence-sultana.com • 12 Zimmer • €€€

ESSEN UND TRINKEN

La Thonière

Fisch am Strand • Wer lange Beine hat, kann sie von der Terrasse aus fast ins Meer strecken. Der köstliche Duft aus der Küche weckt Erwartungen, die voll erfüllt werden.
Zone Touristique • Tel. 75/70 66 70 • €€

SERVICE

AUSKUNFT

Syndicat d'Initiative

Route des Hôtels (beim Hotel Sangho) • Tel. 75/69 44 45

VERKEHR

Busse

Regionale Busgesellschaft • Route de Médenine • Tel. 75/68 20 78

Djerba ￦ ▶ S. 121, EF 6/7

120 000 Einwohner
Karte ▶ S. 75

Tunesiens größte Insel wurde dank ihrer schier endlosen Sandstrände zu einer der Hauptattraktionen des Tourismus in Tunesien. Fast alle Wassersportarten sind hier möglich – vom Kitesurfen bis zum Tretbootfahren. Pferde und Dromedare stehen als Reittiere zur Verfügung, mit Leihfahrrädern lässt sich die flache Insel mühelos erkunden – und Well-

Nur vier Zimmer, aber dafür mit viel Liebe ausgestattet: Mitten im Zentrum von Erryadh logiert man im Hotel de Charme Dar Bibine (▶ MERIAN-Tipp, S. 77).

ness wird großgeschrieben in den meisten Hotels, von Thalasso bis zu fernöstlicher Entspannung.

Ein spärlicher, weit verstreuter Palmenbestand, zahlreiche Oliven- und einige Obstbäume prägen ansonsten das Bild der Insel. Die kleinen malerischen Dörfer der Inselbewohner – meist Berber – haben sich viele ihrer tradierten Eigenarten erhalten. Das zeigt sich an der Bauweise wie auch an der farbenfrohen Kleidung der Frauen. Die breitkrempigen Strohhüte bilden eine liebliche Ergänzung zu den einheimischen Trachten.

Djerba zeichnet sich auch durch das friedliche Nebeneinander ethnischer und religiöser Minderheiten aus. So hatten auch einige nach der Reconquista aus Spanien vertriebene Juden hier eine neue Bleibe gefunden.

Der Überlieferung nach ist Djerba identisch mit Homers »Insel der Lotophagen«, deren prominentester Gast Odysseus war. In die Historie tritt sie unter den Puniern, denen sie auch ihren ersten Namen Meninx (= Wassermangel) verdankt. Erste Blüte unter den Römern im 1./2. Jh. n.Chr. Nach der Zerstörung durch die Vandalen verlor sie jegliche Bedeutung. Im Mittelalter geriet Djerba ins Visier der sich bekämpfenden Mittelmeermächte und wurde mehrmals stark in Mitleidenschaft gezogen.

Houmt Souk ▸ S. 75, b 2

65 000 Einwohner
Stadtplan ▸ S. 76

Obwohl die Verwaltungshauptstadt Djerbas 12 km vom Strand **Sidi Maharès** entfernt ist, gehört die Hälfte der großen Hotels zu dieser Kommune. Die Stadt wird gern von den Touristen der Strandzone besucht und wirkt dadurch tagsüber recht

> **WUSSTEN SIE, DASS …**
>
> … Djerba bereits in der Antike für seine Amphorenproduktion bekannt war – und für den kostbaren Farbstoff Purpur, gewonnen aus dem Schleim der gleichnamigen Meeresschnecke?

geschäftig. Am Abend konzentriert sich das Leben auf den Platz **Hedi Chaker** mit seinen vielen, teils recht guten Restaurants. Auf dem Markt im Zentrum gibt es ein reiches Angebot an Obst und Gemüse. Zwei gut erhaltene »Fondouks« (frühere Kaufmannshäuser mit Lagern) beherbergen heute ein Hotel und die Jugendherberge. Alle Unterkünfte gehören zur unteren Preisklasse.

SEHENSWERTES

Borj el-Kebir ♟♟ ▸ S. 76, nördl. c 1

Eindrucksvoll prägt diese Festung (frz. **Fort Espagnol**) den Hafen des Inselhauptstädtchens, dessen Name schlicht »Marktviertel« bedeutet. Erbaut wurde der Borj 1289 nach der Einnahme der Insel durch Truppen von König Pierre von Aragon und Sizilien. Die Hafsiden zerstörten die Anlage später und errichteten an gleicher Stelle ein neues Bollwerk. Eine erste Restaurierung unternahm 1560 Ghazi Mustafa, der damalige Gouverneur von Djerba.
April–Mitte Sept. Sa–Do 8–19, Mitte Sept.–März 9.30–16.30 Uhr • Eintritt 3 tD

Souk ▸ S. 76, b 2

Blütenwasser, feines Gebäck, aber auch Teppiche, Tücher, Lederwaren, Burnusse, Keramik und allerlei andere souvenirtaugliche Waren aus Manufakturen des ganzen Landes bzw. der ganzen Welt versammeln die Gassen und Plätze des Souk. Fleisch, Fisch, Obst und Gemüse werden dort ebenfalls noch gehandelt, während kleine Restaurants und Cafés mit Snacks und einfachen Gerichten locken.

MUSEEN

Musée du Patrimoine Traditionnel 👫   ▶ S. 76, östl. c 1

Schmuck und Tracht, Fischfang und Landwirtschaft, Holzschnitz- und Töpferkunst: In dem seit 2009 in erweiterten Räumen untergebrachten Volkskundemuseum wird Djerbas Erbe und Alltag in vielen Facetten lebendig. 3-D-Szenen,

Video-Screens und Beschriftungen auch auf Deutsch prägen das architektonisch reizvolle Ensemble um die Zaouia Zitouni, einen Komplex aus Moschee und Koranschule des 18. Jh. Ein Café und eine Boutique gehören ebenfalls dazu.

Av. Habib Thameur • Mitte April–Mitte Sept. Sa–Do 8–12, 15–19, Mitte Sept.–März 9.30–16.30 Uhr • Eintritt 4 tD

ÜBERNACHTEN

Die Hotelzone der Insel Djerba beginnt 11 km östlich der Inselhauptstadt Houmt Souk und erstreckt sich inzwischen bis ins südöstliche Aghir. Sie untersteht verwaltungsmäßig

Houmt Souk und dem näher gelegenen Midoun. Die Hotels, inzwischen 130 an der Zahl, gehören meistens zur oberen Kategorie und unterscheiden sich in Ausstattung und Unterhaltungsmöglichkeiten unwesentlich voneinander. Viele haben inzwischen Thalasso-Zentren (direkt beim Hotel zu erfragen). Kinder finden überall ein reiches Vergnügungsangebot, für Erwachsene der jüngeren Jahrgänge empfehlen sich am Abend mehrere Diskotheken.

Das Ausflugsprogramm ist immens. Besonders zu empfehlen sind Reisen mit Bus oder Jeep in die nahe Wüste (Douz, Nefta ▶ S. 82, 83). Die flache Landschaft der Insel eignet sich gut für Partien mit Fahrrädern, die man vielerorts leihen kann. Es gibt außerdem mehrere riesige Golfplätze.

Radisson Blu   ▶ S. 75, c 1

Thalasso-Luxus • Mit diesem Hotel der Spitzenklasse beginnt die kilometerlange Hotelkette von Sidi Maharès, dem Hauptstrand der Insel. Von hier sind es nur noch 11 km bis nach Houmt Souk. Imposant die weithin sichtbare, riesige Eingangspforte. Hinter mehreren kalkweißen Rundbögen öffnet sich die prächtige Empfangshalle. Die in sanftem Beige gehaltenen Zimmer haben fast alle Meerblick. Vier Restaurants unterschiedlicher Preislagen stehen bereit. Der 1000 qm große Swimmingpool erreicht fast den Strand. Angeschlossen ist ein mit allem Erdenklichen ausgestattetes Thalasso-Zentrum.
Zone Touristique • Tel. 75/75 76 00 • www.radissonblu.de • 296 Zimmer • €€€€

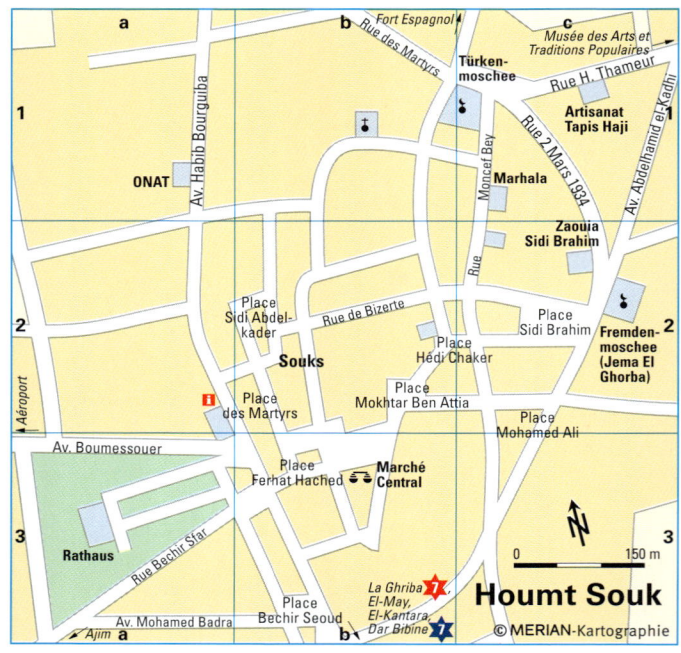

Houmt Souk

© MERIAN-Kartographie

Park Inn Ulysse Resort & Thalasso
▸ S. 75, b 1

Tradition plus Zen • Meerblick zum Frühstück, Ausstattung in den Farben der Wüste und des Wassers, das Ganze gepaart mit einem Schuss Modernität. Ambitionierte Küche.
Route Touristique • Tel. 75/75 87 77 • www.parkinn.com • 259 Zimmer • €€€

Les Sirènes
▸ S. 75, c 1

Schönes Spa • Das aus zwei Wohnbereichen (vier- und zweistöckig) zusammengesetzte Hotel erfreut sich seit fast 40 Jahren eines hervorragenden Rufes. Die Zimmer sind gut bis sehr gut eingerichtet, alle mit Balkon oder Terrasse, dazu mehrere Restaurants, Bars, Cafés. Pool, Hallenbad sowie eisen- und schwefelhaltiges Thermalbad. Viele deutsche Gäste.
Zone Touristique Sidi Zekri, Mezraia • Tel. 75/75 72 66 • http://hotel-les-sirenes-djerba.com • 132 Zimmer • €€

Arisha
▸ S. 75, b 1

Karawanserei • Einfache, aber saubere charmante Zimmer (ohne TV oder Kühlschrank) in einem restaurierten Foundok mitten in der Altstadt. Schöner, begrünter Innenhof mit Pool, um den die Tische des Restaurants stehen.
36, rue Ghazi Mustapha • Tel. 75/65 03 84 • €

ESSEN UND TRINKEN
Restaurant Haroun
▸ S. 75, b 1

Piraten-Eleganz • Direkt am Hafen gelegen und spezialisiert auf Fisch. Im Sommer gibt's die Möglichkeit, auch auf dem vor der Terrasse ankernden großen Holzschiff zu speisen.
La Marsa • Tel. 75/65 04 88 • www.restaurant-haroun.com • €€€€

MERIAN-Tipp 7

DAR BIBINE ▸ S. 75, b 2

Blau, Weiß und Türkis bilden einen leuchtenden Farbklang, moderne Ausstattungsdetails einen herrlichen Kontrast zum historischen Gemäuer, in dem ein belgisches Paar dieses intime B&B eingerichtet hat. Hoch über dem Mini-Pool im Patio thronen eine kleine Bibliothek und der Hamam. Auf Wunsch Abendessen und Leihfahrräder sowie Kochkurse entweder mit Frauen aus dem Ort oder mit einem renommierten Küchenchef.
Erryadh, 7, rue Abdel Wahab • Tel. 75/67 11 96 • www.darbibine.com • 4 Zimmer • €€€

SERVICE
AUSKUNFT
CRT Djerba ▸ S. 76, nordöstl. c 1
Av. de l'Environnement • Tel. 75/65 00 16 bzw. 75/65 05 44

Syndicat d'initiative ▸ S. 76, a 2
Place des Martyrs • Tel. 75/65 09 15

Flughafen Djerba Zarzis ▸ S. 75, a 1
Tel. 75/65 02 33

MEDIZINISCHE HILFE
Hôpital Sadok Mokaddem
▸ S. 76, südöstl. c 3
Av. Habib Bourguiba • Tel. 75/65 01 60

VERKEHR
Busse
– Nationale Busgesellschaft (SNTRI) • Av. Habib Bourguiba • Tel. 75/65 22 39 ▸ S. 76, südl. b 3
– Regionale Busgesellschaft • Pl. Sidi Brahim • Tel. 75/65 00 76 ▸ S. 76, c 2

Ziele in der Umgebung

◎ Erryadh ▸ S. 75, b 2

Von jüdischen Flüchtlingen vermutlich bereits im 6. Jh. v. Chr. gegründet, hieß die Siedlung ursprünglich Hara Seguira und beherbergte in der Folge eine Vielzahl von kunsthandwerklich spezialisierten Bewohnern. Wie auch im heute mit Houmt Souk verwachsenen Hara Kabira begann jedoch ab den Fünfzigerjahren eine Auswanderungswelle. Dennoch zählt die große Synagoge **La Ghriba** 🔻 (die Fremde) von Erryadh bis heute zu den wichtigsten jüdischen Kultstätten Nordafrikas. In ihrer heutigen Gestalt erst 1920 erbaut, birgt sie eine der ältesten Thorarollen der Welt. 2002 verübten radikale Islamisten einen Anschlag auf La Ghriba. Seither wird sie streng bewacht, ist aber allen Konfessionen zugänglich. Jedes Jahr 33 Tage nach Ostern pilgern jüdische Gläubige aus aller Welt nach Erryadh und feiern um La Ghriba nach ihren Riten ein fröhliches Fest (So–Do 9–16, Fr 9–15, im Sommer 8–18 Uhr).

◎ Guellala 👥 ▸ S. 75, b 3

Bereits in der Antike fertigten geschickte Töpfer in dem Ort ca. 20 km südlich von Houmt Souk die vielfach verwendeten Amphoren. Reichhaltige Tonvorkommen in diesem Teil der Insel liefern bis heute die Basis für die Produktion irdener Waren. Etwa 40 Töpfer sind in Guellala noch bzw. wieder aktiv. Nur ein Teil beherrscht allerdings die alten römischen Techniken – die drei Slima-Brüder Adel, Saikal und Fetih etwa, die ihr Wissen bis nach Frankreich gebracht haben. Die Brennöfen sind weithin sichtbar, ihre Kuppeln schmückt eine Vielzahl von Amphoren. Zwischen Guellala, Sedouikech und Aghir lassen sich zudem noch einige Ruinen unterirdischer Bauwerke (»catacombes«) entdecken, die zurückgehen auf die Römer- und Karthagerzeit und wohl als Begräbnisstätten dienten.

MUSEEN

Musée de Guellala

Das Museum zur Pflege des nationalen Kulturerbes liegt unmittelbar bei der Stadt Guellala auf einem Hügel. Die weißen Pavillons, von denen jeder einem Thema gewidmet ist, spiegeln die traditionelle Architektur der Insel wider und geben, liebevoll und sehr übersichtlich gestaltet, Auskunft über Handwerkskunst und Bürgertum, Kleidung und traditionelle Bräuche, Hochzeiten und andere Feste. Guellala • Tel. 75/76 11 14 • April– Mitte Sept. tgl. 8.30–19.30, Mitte Sept.–März tgl. 9.30–16.30 Uhr • Eintritt 5 tD

◎ Midoun ▸ S. 75, c 2

Zu Zeiten der großen Sahara-Karawanen entwickelte sich in dem 15 km östlich von Houmt Souk liegenden Ort ein wichtiger Sklavenmarkt. Mit ca. 14 000 Einwohnern ist Midoun heute Djerbas zweitgrößte Siedlung. Sehenswert sind der traditionelle **Freitagsmarkt** unter freiem Himmel, die auch für Nichtmuslime zugängliche **Fadhloun-Moschee** (3,5 km Richtung Houmt Souk) sowie die historische Ölmühle **Huilerie traditionelle** (an der Straße nach Taguermess, tgl. 9–18 Uhr). Am Cap Taguermess selbst erstreckt sich am Themenpark **Djerba Explore** mit dem Lalla-Hadria-Museum zur Geschichte Tunesiens und des Islam sowie einem Museumsdorf mit Krokodilbecken (▸ Familientipps, S. 33, www.djerba-explore.com). Um

Besonders schöne Töpferwaren gibt es in Guellala (▶ S. 78). Hier werden vor allem Amphoren angeboten, in vieler Werkstätten kann man bei der Fertigung zusehen.

Midoun lassen sich zudem in den Olivenhainen noch die inseltypischen »Menzel« entdecken – weiße, wehrhaft wirkende Gehöfte mit Patio (»el houch«) und Turm (»ghorfa«).

ÜBERNACHTEN
Hasdrubal Thalassa & Spa

5000 qm Wellness • Prachtvoll schon die Empfangshalle mit ihren Säulchen, Springbrunnen und der erlesenen Ausstattung. Die Zimmer mit Blick zum Meer oder Garten ähneln eher Suiten. Drei Restaurants, mehrere Bars und zwei große, miteinander verbundene Swimmingpools ergänzen den außergewöhnlichen Eindruck des Hauses.
Zone touristique Midoun • Tel. 75/73 06 57 • www.hasdrubal-thalassa.com • 214 Zimmer • €€€€

Dar Salem

Familiär • Nicht direkt am Strand, sondern in zweiter Reihe. Ruhig, mit eigenem kleinen Pool und traditionellem Lokal. Kleine Hunde erlaubt.
Zone Touristique Midoun • Tel. 75/75 76 67 • www.darfaizadarsalem.com • 22 Zimmer • €€

Gafsa und der Südwesten

Tor zur Wüste, den Chotts und den großen Oasen, aber auch
Wiege der tunesischen Zivilisation. Schon vor 15 000 Jahren
war die nach dem antiken Capsa benannte Region besiedelt.

◄ Ein Spaziergang durch die Palmengärten von Nefta (► S. 83) ist wie ein Ausflug in eine andere Welt.

Die Region Gafsa (340 000 Einwohner) ist quasi der Ursprung des Landes: Hier stand die erste nachweisbare Siedlung. Heute zeichnet sich die Gegend durch Hunderttausende Palmen und köstliche Datteln aus. Südlich von Gafsa beginnt das Land der Salzseen; den größten der drei, den **Chott el-Djerid** 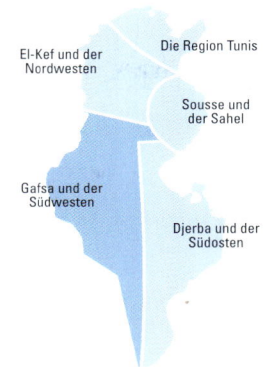 verewigte Karl May in seinem Band »Durch die Wüste«. Nach Regenfällen werden große Teile des Chotts überflutet, im Sommer trocknet er fast völlig aus. Dank der Dammstraße ist die Fahrt zwar gefahrlos, der Reiz dieser größten Sahara-Salzwüste indes ist ungebrochen.

Gafsa
► S. 120, B 6

71 000 Einwohner

Mit einer weitläufigen, sehenswerten Oase beginnt hier der Süden des Landes. Aus der einstigen Durchgangsstation, in der man sich vor einer Fahrt in die Wüste mit Lebensmitteln versorgte, wurde in den letzten Jahren ein wichtiges Verwaltungszentrum sowie Sitz einer sich stetig erweiternden Universität.

SEHENSWERTES
Römische Bäder
Von einer Thermalquelle gespeistes Bäderensemble aus römischer Zeit; zwei der drei Becken (»piscines romaines«) liegen im Freien. Einige Inschriften und Mosaiken sind noch erhalten, Letztere im kleinen benachbarten Museum.
Av. Bourguiba (südl. der Kasbah) • April–Aug. Di–So 8–12.30, 15–19, Sept.–März Di–So 9.30–16.30 Uhr • Eintritt Museum 1,5 tD

ÜBERNACHTEN
Jugurtha Palace
Bunte Üppigkeit • Großzügige Anlage im Palmenhain; mit zwei Pools, künstlichem See und reich ornamentiertem, traditionellem Mobiliar.
Sidi Ahmed Zarroug • Tel. 76/21 12 01 • www.hoteljugurthapalace.com • 240 Zimmer • €€

SERVICE
AUSKUNFT
ONTT
Pl. des Piscines Romaines • Tel. 76/21 77 00

Flughafen
Tel. 76/27 37 00

MEDIZINISCHE HILFE
Hôpital Houssine Bouzaiene
Douali • Tel. 76/22 50 55

VERKEHR
Busse
Nationale Busgesellschaft • Gare Routière • SNTRI • Av. Habib-Bourguiba • Tel. 76/22 15 87

Eisenbahn
Tel. 76/22 52 25 bzw. 76/27 05 60

Ziele in der Umgebung

◉ Douz ▸ S. 120, C 7

Der ehemalige Handelsplatz und Treffpunkt der Nefzaoui-Nomaden am Nordrand der Wüste **Grand Erg Oriental** wurde von den Franzosen zur Stadt ausgebaut und ist heute dank der sie umgebenden grandiosen Dünenlandschaft ein beliebtes Touristenziel. Zum Donnerstagsmarkt kommen immer noch die Nomaden aus der Umgebung. Ein Tiermarkt (Esel, Schafe, Ziegen, Pferde, Kamele) ergänzt das vielfältige Angebot.

135 km südwestl. von Gafsa

SEHENSWERTES
Die Dünen 👥👥

Trotz zunehmender Bebauung eröffnet sich von der **Großen Düne** am Stadtrand noch immer ein großartiger Blick in die Wüstenlandschaft. Um sie in sich aufnehmen zu können, sollte man ein Kamel (mit Führer ca. 20 tD/Std.) mieten. Weniger überlaufen, aber ebenso faszinierend sind **Za'afrane** (12 km) und **El-Faouar** (34 km). Vom Kamelplatz Za'afrane kann man auch auf dem Dromedar zum **Mehari Campment** in der Wüste reiten (Tel. 75/47 10 88, www.goldenyasmin.com). Ein Abenteuer ist die Fahrt mit dem Jeep durch die Dünen in die 180 km entfernte Oase **Ksar Ghilane** und eine Übernachtung im luxuriösen Zelthotel gleichen Namens (Tel. 75/62 18 70, www.yadis.com). Alle Hotels in Douz vermitteln diese Tour.

ÜBERNACHTEN
Dar Saidabeya

Familiäre Eleganz • Ein ehemaliges Privathaus im Herzen der Altstadt wurde in ein charmantes B & B verwandelt – mit traditionellem Hammam im Souterrain und maurischen Café auf der Dachterrasse.

1, rue Ahmed Ayech • Tel. 98/30 11 73 • www.darsaidabeya.com • 9 Zimmer • €€€

ESSEN UND TRINKEN
Porte du Sahara

Couscous & Co • Am Eingang der Oase, sauber, gute tunesische Küche. Av. des Martyrs • Tel. 98/80 12 17 • €

SERVICE
AUSKUNFT
ONTT

Av. des Martyrs • Tel. 75/47 03 51

◉ Kebili ▸ S. 120, C 7

Der Ort hat eine unrühmliche Vergangenheit als Umschlagplatz für schwarze Sklaven, deren Nachkommen augenfällig das Bild prägen. Heute ist Kebili Zentrum der **Nefzaoua-Oasen**, einer wichtigen Agrarregion, denn von hier kommen 60 % der tunesischen Dattelproduktion. Inmitten seines Palmenhains liegen die Ruinen von Alt-Kebili, dessen Gründung zurückgeht auf die vorislamische Zeit. In ihrer Geschlossenheit und Eigenart ist diese Anlage ein im Süden Tunesiens einmaliges Beispiel saharischer Stadtkultur.

110 km südwestl. von Gafsa

◉ Metlaoui 👥👥 ▸ S. 120, B 6

Seit Jahrzehnten startet von dem Industriestädtchen aus der restaurierte Salonzug »Lézard Rouge« des einstigen Beys von Tunis auf seiner Fahrt durch die grandiosen Gorges de Selja. Die 15 km lange Schlucht ist an einigen Stellen nur wenige Meter breit, das Fahrtempo der »Roten Eidechse« entsprechend gedrosselt (Tel. 76 24 14 69, tgl. außer Sa 10 bzw.

Karawane trifft auf Quad-Gruppe: Kameltrekking und motorisierte Wüstenausflüge – hier zwischen Douz (▶ S. 82) und Ksar Ghilane – werden immer beliebter.

10.30 Uhr, auch in den Agenturen von Tozeur und der Küste zu buchen).
40 km südwestl. von Gafsa

◎ Nefta   ▶ S. 120, A 6

Eine Wüstenstadt par excellence und in ihrer Art einzigartig. 400 000 Dattelpalmen, die sich am südlichen Stadtrand bis hin zum fernen Chott erstrecken, bilden das wirtschaftliche Rückgrat der Stadt. 152 Quellen speisen ein sorgfältig ausgetüfteltes Wassernetz, das nicht nur die Palmen versorgt, sondern auch eine Vielzahl oft wild wuchernder Obstbäume, Weintrauben und Gemüse. Einen Panoramablick über die Stadt genießt man vom oberen Rand der einzigen Trichteroase (La Corbeille) Tunesiens, unterhalb des Hotels Dar Hi. In der Talsohle sprudelt eine Thermalquelle. Durch die Lage abseits der Touristenstraßen haben sich in dem Ort viele alte Traditionen erhalten.
118 km südwestl. von Gafsa

SEHENSWERTES
Sanddüne

Diesen Ausflug in die Dünen von Nefta – am besten mit einem Führer – sollten Sie sich nicht entgehen lassen. Der Sonnenuntergang in den Dünen bietet ein Farbspektakel, wie es kein Feuerwerk zu leisten vermag.

ÜBERNACHTEN
Dar Zargouni

Wüsten-Villa • Eleganz aus Palmholz, Ziegeln und Farben der Sahara, raffinierte Details, inspiriert von den Traditionen des Orients. Oasenfeeling mit Pool und Servicepersonal, das für das leibliche Wohl sorgt.
Sahara Palace • Tel. 71/90 80 48 bzw. 98/62 19 20 • www.darzargouni.com • 4 Suiten • €€

ESSEN UND TRINKEN
La Corbeille

Einfach und reichlich • Das Café-Restaurant am Rand der Trichteroase serviert die Standards der tunesischen Küche in guter Qualität. Cite El-Assil, neben dem Hotel Mirage • Tel. 76/43 03 08 • €

SERVICE
AUSKUNFT
Syndicat d'Initiative
Av. Habib Bourguiba • Tel. 76/45 72 36

VERKEHR
Busse
Regionale Busgesellschaft • Av. Habib Bourguiba (neben der Tankstelle) • Tel. 76/43 06 22

◎ Tamerza ▸ S. 120, A 6
Schönste und größte der drei Bergoasen an der algerischen Grenze. Das Städtchen wurde in römischer Zeit als Befestigung der südlichen Grenzlinie des Limes Tripolitanis gegründet. Das alte Tamerza wurde endgültig aufgegeben, als schwere Regenfälle und der angeschwollene Bergbach den Großteil der Häuser zerstörten. Sehr beeindruckend ist eine Wanderung durch das meist halb ausgetrocknete Flussbett mit Wasserfall (Grand Cascade) zu einer Grotte.
110 km westl. von Gafsa

ÜBERNACHTEN
Tamerza Palace
Spa und Datteln • Ein 1000-qm-Spa und eine ambitionierte Küche, vorwiegend auf der Basis regionaler Produkte, bilden mit den Farben und Stilen des Südens in modern oder traditionell interpretierten Zimmern und Suiten eine schöne Einheit.
An der Hauptstraße nach Norden Richtung Ain el-Ouchika (im Ort ausgeschildert) • Tel. 76/48 53 44 • www.tamerza-palace.com • 109 Zimmer • €€€

◎ Tozeur 🔴9 🍴 ▸ S. 120, A 6
Als Verkehrsknotenpunkt, Geburtsort des Nationalhymnendichters Chebbi und Zentrum des **Bled el-Djerid** (Land der Palmenzweige) verfügt die aus dem römischen Thusuros erwachsene Stadt am Rand des großen legendären Salzsees **Chott el-Djerid** 🔴8 über eine gute touristische Infrastruktur. Die sich unmittelbar anschließende Oase hat 200 000 Bäume, die zusammen mit denen von Nefta die besten Datteln des Landes liefern (»Deglet Nour«). Gespeist werden die Dattelpalmen von der Quelle **Rais el-Aioun**, deren 30 °C heißes Wasser abgekühlt und dann in die Gärten geleitet wird.
93 km südwestl. von Gafsa

SEHENSWERTES
Altstadt
Direkt hinter dem überdachten Markt (Souk) am Platz Ibn Chabbat liegt die Altstadt **Ouled Hadef.** Sie ist nicht groß, lohnt aber, weil sie einen Blick in das Alltagsleben vergangener Zeiten gewährt. Im kleinen **Museum** sind bunt zusammengewürfelte Exponate aus allen Epochen zu sehen.

Nifer
Ein Garten voller exotischer und in prachtvollen Farben blühender Pflanzen, riesige Schatten spendende Palmen und dazwischen viele kleine Wege, die zu versteckten Nischen und Plätzen führen – eine zauberhafte Atmosphäre, mitten in der Oase von Tozeur. Am Eingang ein Café-Restaurant im traditionellen Stil.

MUSEEN
Eden Palm 🍴
Tunesiens erstes »Ökomuseum«: Alles dreht sich um die Dattel(palme).

Auf den Schautafeln und Fotos der privaten Anlage erfährt der Besucher Details zu Artenvielfalt, Verbreitung und Verarbeitung der Dattelpalme sowie über ihre Rolle in der Kunst und Religion. Eden Palm umfasst eine kleine Produktionsstätte für Dattelkonfitüren, -chutneys und -essige, die man vor Ort probieren (und kaufen) kann, sowie ein Terrassencafé.
Ca. 1 km westl. des Stadtkerns • Tel. 76/45 44 74 • www.eden-palm-com • tgl. 8–23 Uhr, Palmenhain nur bis Sonnenuntergang • Eintritt 6 tD, Kinder 3 tD

ÜBERNACHTEN
Ksar Rouge
Maurische Weite • Auf einer Anhöhe gelegen bietet das Hotel einen herrlichen Blick über die Oase bis hin zum silbrig glänzenden Chott. Die dezenten Farben der Zimmer korrespondieren gut mit den kräftigen Tönen der Oase und der Wüste. Schöner Außenpool, kleines Spa.
Route Touristique • Tel. 76/45 49 33 • www.ksar-rouge.com • 112 Zimmer • €€€

Dar Horchani
Orient ganz privat • Nur Suiten und zwei Zimmer umfasst dieses typische Haus in der Palmeraie; Pool, Spa und Klimaanlage sorgen für Komfort.
El-Hamma • Tel. 20/28 32 73 • www.dar-horchani.com • €€€

ESSEN UND TRINKEN
Le Minarett
Kamelcarpaccio • Neben Couscous- und Brik-Varianten serviert Serge auch außergewöhnliche Fleischspezialitäten in farbenfrohem Ambiente.
Av. Bourguiba (hinter der Ferkous-Moschee) • Tel. 23/52 43 03 • €

MERIAN-Tipp 8

CAFÉ CULTUREL ♟♟ ▶ S. 120, A 6
Mehr als ein Café: Mondher Abbes, ausgebildeter Musiklehrer, vereint in diesem Altstadthaus nahezu alle Facetten tunesischer Kultur: Zum Minztee gibt es Barbouka-Klänge (möglichst vom Gast selbst erzeugt); in den Räumlichkeiten sind traditionelle Objekte, Stoffe, Teppiche, Decken zu bewundern. Wer mag, zieht eines der typischen Gewänder über, lernt arabische Kalligrafie oder blickt in den dicken Ordner, in dem der umtriebige Pädagoge die Jasmin-Revolution dokumentiert hat.
Tozeur, Rue de Kairouan, Ouled el-Hadef • Tel. 99 45 59 09 • E-Mail: mondher.abbes@yahoo.fr • tgl. 8.30–23 Uhr

EINKAUFEN
Die **Av. Habib Bourguiba** sowie die Sträßchen um den Markt bieten Souvenirs aller Art – von Tüchern über frische Datteln bis zu den »Roses de Sable«, bizarr geformten Steinen aus kristallinem Gips.

SERVICE
AUSKUNFT
CRT Tozeur
Av. Abdoul Kacem-ech Chebbi • Tel. 76/45 40 88

VERKEHR
Busse
Gare routière, Rue Farhat Hached (Route de Nefta)

Flughafen Tozeur-Nefta
Tel. 76/45 33 88

El-Kef und der Nordwesten

Felsige Buchten, Korkeichenwälder und Getreidefelder prägen das einstige Kernland der Numidier, von dessen architektonischer Pracht zahlreiche Ausgrabungsstätten zeugen.

◄ Prunkstück der Medina von El-Kef (► S. 87) ist die 500 Jahre alte und weithin sichtbare Moschee Sidi Bou Makhlouf.

Die im äußersten Nordwesten gelegene Kroumirie (285 000 Einwohner) mit der Verwaltungshauptstadt El-Kef war eine der Kornkammern des Römischen Reiches. Auch für Tunesien gehört die Region zu den wichtigsten Anbaugebieten mehrerer Getreidearten. Die Landschaft ist aber auch geprägt von den ausgedehnten Wäldern in der Küstenregion.

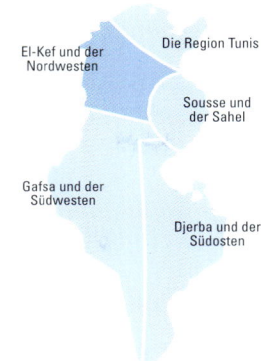

Die Region Tunis

El-Kef und der Nordwesten

Sousse und der Sahel

Gafsa und der Südwesten

Djerba und der Südosten

El-Kef

► S. 118, B 3

80 000 Einwohner

In die Geschichte eingegangen ist die quicklebendige, an einen Abhang (»El-Kef« = Abhang) gebaute Stadt 241 v. Chr. durch einen Söldneraufstand gegen Karthago, der erst nach vier Jahren niedergeschlagen werden konnte. Einige Ruinen in der Innenstadt erinnern noch an die römische Vergangenheit. Die vorzüglich restaurierte Medina verläuft steil den 800 m hohen Bergabhang empor. Entlang der zahllosen Stufen passiert man malerische alte Häuser und Plätze, bis man die Zitadelle erreicht. Graffiti an vielen Stellen im Ort erinnern aber auch daran, dass El-Kef ein wichtiges Zentrum der Jasmin-Revolution von 2011 war. Sidi Bouzid, wo alles mit dem Tod des Gemüsehändlers begann, liegt nur knapp 80 km südlich.

SEHENSWERTES
Zitadelle

Von welcher Seite man auch in die Stadt kommt – die alles dominierende Zitadelle, die Kasbah, erkennt man schon aus weiter Entfernung. Sie thront wie eine mittelalterliche Festung über der Stadt. Vor etwa 300 Jahren von einem algerischen Fürsten gebaut, wurde sie im Lauf der Jahrhunderte immer wieder umgestaltet. 1993/1994 hat die tunesische Regierung den beeindruckenden Bau mit großer Sorgfalt restauriert und danach zur – kostenlosen – Besichtigung freigegeben. Das alljährliche Festival von El-Kef findet auf dem großen Platz im Innern der Zitadelle statt. Der Ausblick ist überwältigend.

ÜBERNACHTEN
Les Pins ¶¶

Familientauglich • Auf einer Anhöhe am nördlichen Stadteingang gelegen, bietet das 1997 eröffnete Hotel – ganz in Weiß mit grün lasierten Dachziegeln gehalten – ein einmaliges Panorama. In hellen Farben eingerichtete Zimmer, Restaurant.
Bd. de l'Environnement • Tel. 78/ 20 43 00 • €

ESSEN UND TRINKEN
Kechkech

Bodenständig • Einfache tunesische Küche mit Grillfleisch, Salaten oder Bohnenragout (»marqua loubia«).
In der Straße vor der Post • €

SERVICE
VERKEHR
Busse
Nationale Busgesellschaft •
Gare Routière • Tel. 78/22 62 05

Eisenbahn
Tel. 78/22 30 61

Ziele in der Umgebung

◎ **Aïn Draham**   ▸ S. 118, B 2

Der in 800 m Höhe gelegene kleine Luftkurort erfreut sich großer Beliebtheit als sonntägliches Ausflugsziel. Sein Name (Silberquelle) bezieht sich auf die natürlichen Quellen, die am Hang des Berges **Metir** entspringen. Am Kilometerstein Nr. 2 im Süden der Stadt kann man das köstliche Quellwasser selbst probieren. Das Bergstädtchen wird in den Wintermonaten gern von Jägern besucht, die in der näheren Umgebung Wildschweinen nachstellen. Der letzte Panther wurde bereits 1932 erlegt.
100 km nördl. von El-Kef

ÜBERNACHTEN
Dar Chenoufi
Angenehmes Landgut • Ehemaliges bäuerliches Anwesen, dekoriert in einer Mischung aus üppiger Romantik und lokaler Tradition. Angeboten werden u.a. Kochkurse, geführte Radtouren und Wanderungen sowie Ausflüge in die umliegenden Naturparks und mit geologischem Schwerpunkt. Bauernfrühstück mit hausgemachter Marmelade, selbst gebackenem Kuchen. Öl und Butter aus lokaler Produktion, abends Table d'hôte mit regionalen Spezialitäten.
Südl. von El-Kef mitten in den Feldern • Tel. 98/32 79 71 bzw. 21/52 12 91 • www.dar.chennoufi.com • 6 Zimmer • €€€

El-Mouradi Hammam Bourguiba
Kurhotel • Große Mittelklasse-Anlage mit Thermalzentrum und ganz den Themen Gesundheit, Fitness und Wellness gewidmet. Das Wasser dreier schwefelhaltiger Quellen dient u.a. zur Behandlung der Atemwege.
Hammam Bourguiba • Tel. 78/65 40 55 • www.elmouradi.com • 151 Zimmer, 23 Bungalows • €€

Royal Rihana
Beliebter Jagdtreff • Auf 800 m Höhe in waldreicher Umgebung gelegenes modernes, zweckmäßig ausgestattetes Anwesen. Es ist ein guter Ausgangspunkt für Jagdausflüge, Wanderungen, Mountainbike-Touren.
Jendouba • Tel. 78/65 53 91-6 98 • www.royalrihana-hotel.com • 75 Zimmer • €€

◎ **Bulla Regia**   ▸ S. 118, B 3

Diese Ausgrabungsstätte gehört sicher zu den schönsten in Tunesien überhaupt. Für die Besichtigung sollte man mindestens zwei Stunden veranschlagen. Die Ruinen sind zum Teil in einem hervorragenden Zustand – samt ihren Mosaiken, Säulchen und Brunnen. Als Besonderheit gelten die einzigartigen Souterrainwohnungen. Sie erhielten Licht und Luft durch ein nach oben offenes Atrium und durch abgeknickte Schächte, die in den Seiten der Deckenwölbungen eingelassen waren.
Alles überragend sind jedoch die **Julia-Memmia-Thermen** am Eingang der Stätte, eines der am besten erhaltenen römischen Bäder (selbst die Umkleideräume sind geblieben). Imponierend auch der **Jagdpalast** mit seinen korinthischen Säulen, der **Fischerpalast** mit seinem Souterrain und das **Theater**. Beim Spaziergang

durch das ausgedehnte Ruinenfeld gewinnt man eine Vorstellung vom beachtlichen Wohlstand, der hier geherrscht hat. Besiedelt wurde die Stadt wohl schon im 4. Jh. v. Chr. von Berbern. 150 v. Chr. eroberte Massinissa die Siedlung und machte sie zu einer seiner königlichen Residenzen. 46 v. Chr. wurde die Stadt römisch und erlebte in den beiden folgenden Jahrhunderten ihre Blüte.
70 km nördl. von El-Kef

MUSEEN

Gegenüber der Ruinenstätte liegt ein kleines Museum. Sehenswert sind der Medusenkopf, eine Mosaikarbeit aus dem 4. Jh. n. Chr., sowie die vergrößerten Abbilder aller bedeutenden Berberkönige auf Münzen.
April–Mitte Sept. 8–19, Mitte Sept.–März 8.30–17.30 Uhr • Eintritt 2,5 tD (Kombikarte für Museum und Ruinen)

◎ Chemtou   ▶ S. 118, B 3

Hier befanden sich die größten Marmorbrüche des Römischen Reiches. Marmor aus Chemtou (röm. **Simitthus**) galt als besonders wertvoll und wurde im ganzen Reich verwendet. Die Geschichte der Marmorbrüche begann schon unter den Numidiern. Von ihnen stammt auch die wichtigste erhaltene Sehenswürdigkeit der über ein sehr großes Areal verteilten Ruinen: die Vorderseite eines **Tempels**, den Micipsa, Sohn des Berberkönigs Massinissa, 153 v. Chr. zu Ehren seines Vaters errichten ließ. Die rekonstruierte Fassade des Tempels mit den eingelassenen Originalfunden bildet den Mittelpunkt des **Museums**, ein Glanzstück unter allen ähnlichen Institutionen des Landes. Die Exponate stehen allesamt in ihrem gesellschaftlichen und

historischen Zusammenhang und zeichnen sich durch eine beeindruckende didaktische Anordnung aus. Die ausführlichen Beschriftungen sind dreisprachig: Arabisch, Deutsch und Französisch.
70 km nördl. von El-Kef • tgl. 8.30–17 Uhr • Eintritt 2,5 tD

◎ Dougga 🔟 ⛄ ▶ S. 118, C 3

Genau 100 km südwestlich von Tunis vor dem Téboursouk-Gebirge erstreckt sich die wohl bedeutendste und am besten erhaltene Ruinenstätte des Landes. Es empfiehlt sich, für die Besichtigung einen der staatlich zugelassenen Führer zu engagieren. Der Ortsname geht auf das Berberwort »Thugga« für Grünfläche zurück. Im 2. Jh. v. Chr. wurde die Stadt unter Massinissa als Residenz der Berberprinzen, die mit Rom gegen Karthago verbündet waren. Aus vorrömischer Zeit stammen nur wenige Ruinen: Säulenkapitelle aus einem 140 v. Chr. zu Ehren Massinissas errichteten Tempel. Unter dem Saturntempel fand man ein dem Gott Baal gewidmetes Heiligtum.
Nach der Errichtung der neuen Provinz Africa Nova 46 v. Chr. auf Befehl Cäsars siedelten sich in Thugga die Verwalter der kaiserlichen Domänen samt ihrem administrativen Gefolge an. Reisen römischer Kaiser nach Afrika, wie jene Hadrians 128 n. Chr., gaben Anlass zum Bau von Tempeln oder Triumphbogen. Eine besonders prosperierende Epoche erlebte die Stadt unter dem aus Libyen stammenden Kaiser Septimus Severus (193–211 n. Chr.) und seinen Nachfolgern bis zum 3. Jh. n. Chr. Etwa 100 Jahre später setzte der wirtschaftliche Verfall der Stadt ein, der schließlich auch zu einem

Exodus der Bevölkerung führte. In der byzantinischen Zeit, im 6. Jh., dienten viele Monumente aus der römischen Epoche als Baumaterial.

Douggas auffälligstes Bauwerk ist die **Grabstätte des Berberprinzen Ateban**, aus dem 3. Jh. v. Chr. Das dreistöckige Mausoleum wurde 1842 von einem englischen Konsul zerstört, um an eine Inschrift in punischer und libyscher Schrift heranzukommen. 1910 wurde das Grabmal wieder in seiner ursprünglichen Form hergestellt. Ein imposantes Zeugnis römischer Baukunst ist das 169 n. Chr. errichtete Amphitheater. Der Zuschauerraum hatte 3500 Plätze, auf denen heute wieder alljährlich zu den Festspielen Besucher sitzen. 1997 wurden 25 ha des Ruinenfelds zum Weltkulturerbe erklärt.

66 km nordöstl. von El-Kef • April–Mitte Sept. 8–19, Mitte Sept.–März 8.30–17.30 Uhr • Eintritt 2,5 tD

◎ **Sbeitla**   ▶ S. 118, C 4

Das Ruinenfeld von Sbeitla, abseits der großen Routen im Westen gelegen, wurde erst relativ spät entdeckt. Die Ausgrabungen der bedeutenden christlichen Monumente begannen in den Fünfziger- und Sechzigerjahren und werden fortgesetzt. Wichtig ist Sbeitla durch das Nebeneinander von Baudenkmälern aus heidnisch-römischer und christlich-römischer Zeit. Man geht davon aus, dass sich bereits im 1. Jh. n. Chr. die ersten Christen hier niederließen und ihre Kirchen bauten. Darauf lassen Berichte des 220 in Karthago gestorbenen christlich-lateinischen Dichters Tertullian schließen.

Vereinzelte Spuren deuten darauf hin, dass die Gegend schon im 6. Jh. v. Chr. besiedelt war. Die Stadt selbst ist jedoch eine Gründung des 1. Jh. n. Chr. unter den Flavier-Kaisern Vespasian, Titus und Domitian.

Römische Bauten in der einstigen Legionärsstadt Dougga (▶ S. 89). 1997 wurde das gesamte Ruinenfeld in die UNESCO-Liste des Weltkulturerbes aufgenommen.

Aus christlicher Zeit stammen mindestens sieben Kultstätten, alle aus dem 4. und 5. Jh. – darunter die **Kapelle des Jucundus**, die **Kirche von Bischof Bellator** und die **Basilika der Heiligen Silvanus und Fortunatus**. Auch nach der Eroberung durch Byzanz im 6. und 7. Jh. behielt die Stadt ihre Bedeutung. Nicht gewachsen war sie dann dem Ansturm der Araber 647, dem ein Großteil der Einwohnerschaft zum Opfer fiel. Damit endete die Geschichte Sbeitlas, das die Römer nach einer libyschen Bezeichnung Sufetula nannten.

Schon von Weitem sichtbar ist der **Diokletiansbogen** am Ende der Stätte. Für die Archäologie bedeutender ist das **Kapitol** am Forum, bestehend aus drei den Gottheiten Minerva, Jupiter und Juno geweihten, gut erhaltenen Tempeln. Diese Dreiteilung eines Kapitols (anstelle des klassischen Tempels mit drei Räumen, den »cellae«) gilt als außergewöhnliche Seltenheit im Rahmen römischer Kultstätten.

125 km südl. von El-Kef • April–Mitte Sept. 7–19, Mitte Sept.–März 8.30–17.30 Uhr • Eintritt 4 tD

◎ Tabarka ▸ S. 118, B 2

In einer Bucht der Kroumirie-Küste gelegen, hat sich das alte Fischerdorf seinen Charme bewahrt. Das Viertel der Fischer direkt am Hafen musste zwar einer modernen Marina weichen, aber das Stadtbild hat sich nicht verändert, und das Leben geht seinen gemächlichen Gang wie vor 100 Jahren. Die Bewohner leben nach dem Verbot der Korallenfischerei hauptsächlich vom Tourismus und von der Korkindustrie. Am Ortseingang liegt die größte tunesische Korkfabrik mit einem kleinen Museum.

MERIAN-Tipp 9

TRAUMSTRASSE IN DER KROUMIRIE ▸ S. 118, B 2–C 2

Die schönste Panoramastraße des Landes führt von Aïn Draham über Amdoun nach Beja. Die durchweg asphaltierte Route windet sich in weiten Kurven durch die Bergwelt der Kroumirie. Dicht bewaldete Berge wechseln ab mit Feldern und Wiesen, die sich malerisch über Abhänge hinstrecken und üppig mit Blumen bedeckt sind. Oft reicht der Wald mit seinen Korkeichen, Eukalyptus- und Nadelbäumen bis an die Straße. Hin und wieder bezeugen alte Steinhäuschen, dass hier auch Menschen leben. Nach jeder Kurve bietet sich ein neues, überwältigendes Panorama.

Eine Rolle spielte Tabarka schon im Römischen Reich als Ausfuhrhafen für den 40 km südlich gewonnenen Chemtou-Marmor. Unter dem Vandalenkönig Geiserich hatte die Stadt ein christliches Kloster. Einige Ruinen finden sich im Zentrum. Tabarka besitzt einen kilometerlangen Sandstrand und ein sehr angenehmes und gesundes Klima, Schwimmen ist nur in Ufernähe möglich. Die Hotelzone, einst geschickt außerhalb der Stadt in die natürliche Landschaft eingebettet, schiebt sich mittlerweile an den Dünen vorbei fast bis zur Marina.

Im Winter treffen sich in Tabarka Jäger aus ganz Europa zur Hatz auf Wildschweine. Im Sommer wird die Stadt zum Paradies für Taucher, für die auch das alljährliche Unterwasserfilm-Festival gedacht ist.

120 km nördl. von El-Kef

MERIAN-Tipp **10**

KRÄUTERHONIG ▶ S. 118, B 3

Im Gebiet des Nationalparks El-Feija wird seit 2004 im Rahmen eines Pilotprojekts von WWF und der Association tunisienne de protection de la nature et de l'environnement Honig gewonnen. Vor allem um den Ort Ghardimaou in der Gemarkung Jendouba stehen die Körbe, in einer Umgebung mit extremem Pflanzenreichtum (180 Arten) – von Raps über Eukalyptus bis hin zu Thymian und Rosmarin. 135 t »ernten« die rund 30 Imkerfamilien pro Jahr. Ein weiteres Produkt der Region ist Kräuterseife.

SEHENSWERTES
Les Aiguilles

Die spitzen, nadelförmigen und bis zu 25 m hohen Felsen (»aiguilles« = Nadeln) sind ein Wahrzeichen der Stadt. Sie liegen am Ende der Verlängerung der Hauptstraße Habib Bourguiba. Die Felsformationen sind ein beliebtes und leicht zu erreichendes Ausflugsziel. Vor den Aiguilles befindet sich linker Hand der alte christliche Friedhof.

Basilika/Musée de Tabarka

Diverse archäologische Funde aus verschiedenen Ausgrabungsphasen in der Stadt und ihrer Umgebung, zu sehen in einer von der katholischen Ordensgemeinschaft der Weißen Väter auf den Relikten einer römischen Zisterne errichteten Kirche. Tel. 78/67 09 06 • Di–So 9.30–16.30 Uhr (derzeit wegen Renovierung geschlossen)

Genueser Fort

Im 16. Jh. von der Genueser Adelsfamilie Lomellini erbaut, später von den Türken stark zerstört, ist die Festung ein weiteres Wahrzeichen Tabarkas. Sie liegt auf dem Gipfel eines durch einen Damm mit dem Festland verbundenen Felsens und beherbergt heute eine meteorologische Station und den Leuchtturm. Von dem kleinen Parkplatz an der Festungsanlage genießt man eine wunderbare Aussicht über die gesamte Bucht von Tabarka.

La Tour Sidi Messaoud

Römische Zisterne, die Händler aus Marseille und Pisa im 12. Jh. zu einer Festung ausbauten.

SPAZIERGANG

Auf der Straße nach Algerien, kurz nach der Kaserne, passiert man ein kleines Dorf und erreicht dann den höchsten Punkt des Bergkamms. Hier kann man problemlos das Auto abstellen und zu beiden Seiten der Straße ausgedehnte Spaziergänge unternehmen. Links erstreckt sich bis zur algerischen Grenze ein Wald (es gibt keine bezeichneten Wege), rechter Hand in Richtung Meer finden sich mit niedrigem Strauchwerk bewachsene Felsen, auf denen Schafe und Ziegen weiden und von denen man einen herrlichen Panoramablick nach allen Seiten hat. Dauer: ca. 1 Std.

ÜBERNACHTEN
Sentido Tabarka Beach

Golf und Thalasso • Großzügige und modern gestylte Ressortanlage direkt am Meer. Der Poolbereich erstreckt sich auf zwei Ebenen, dazu Wellness- und Thalasso-Angebote.

Am feinsandigen Strand kann man bis ins Stadtzentrum laufen (2 km). Zone Touristique El-Morjene • Tel. 78/67 21 00 • www.sentidohotels.de • 248 Zimmer • €€

Hotel de France

In Hafennähe • Einfaches, nettes Stadthotel mit eigenem Restaurant und Terrasse. Zimmer teils mit Balkon. Gutes Preis-Leistungs-Verhältnis, angenehmer Service.
Av. Habib Bourguiba • Tel. 78/64 45 77 bzw. 78/67 06 00 • 15 Zimmer • €

ESSEN UND TRINKEN
Le Pescadou

Fischgerichte mit Ausblick • Am Jachthafen gelegen, bietet die Küche hier vornehmlich sehr gute Variationen von allerlei Meeresgetier – ob mit Flossen, Schale oder Panzer •
Place Fréjus • Tel. 78/67 15 80 • €€

La Perle du Nord Ouest

Volkstümlich • Gute, einfache Landesküche in einem ebenso schlichten Ambiente inmitten der Stadt.
53, Av. Habib Bourguiba • Tel. 78/67 01 64 • €

Café des Andalous

Schöne Kuriosität • Das alte Café im maurischen Stil lebt voll und ganz von den Kacheln, die alle Wände bedecken, und dem Hausrat tunesischer Urväter, mit dem der Baldachin der kleinen Empore vollgestopft ist. Schon in den frühen Morgenstunden erscheinen die ersten Wasserpfeifenraucher, und am Nachmittag bis in die Nacht hinein verwandelt sich das Café in einen schummrigen, von Stimmengewirr und sanftem Pfeifenrauch erfüllten Raum.
1, rue du peuple • Tel. 78/67 40 32

SERVICE
AUSKUNFT
CRT Tabarka

Bd. 14 Janviere • Tel. 78/67 14 91

MEDIZINISCHE HILFE
Krankenhaus Tabarka

Av. Habib Bourguiba • Tel. 78/67 36 65

VERKEHR
Busse

– Nationale Busgesellschaft (SNTRI) • Rue du peuple • Tel. 78/67 04 04
– Regionale Busgesellschaft • Av. Habib Bourguiba • Tel. 78/67 40 87

Jachthafen

Tel. 78/67 45 99 (Capitainerie)

◎ Téboursouk   ▶ S. 118, C 3

Als Thubursicum war der Ort einst Rivale des benachbarten Thugga. Die Altstadt erhebt sich zum Teil auf den noch gut sichtbaren Mauern einer byzantinischen Festung. Vom Zentrum am Hang hat man einen herrlichen Blick über die fruchtbare Ebene, Kornkammer des Römischen Reiches, aber auch heute wichtige Agrarzone. Der Ort dient als Ausgangspunkt für den Besuch von **Dougga** (▶ S. 89) und der Berge des Umlands.
70 km nordöstl. von El-Kef

ÜBERNACHTEN
Thugga

Einfach und konkurrenzlos • Ein kleines ebenerdiges Hotel, umgeben von ausgedehnten Olivengärten. Praktisch eingerichtete, sehr saubere Zimmer mit Dusche, WC und Blick in den Garten. Das Restaurant bietet auch Wildschweingerichte.
Route de Tunis • Tel. 78/46 57 13 • 33 Zimmer • €

Paradies für Zugvögel aus Europa: Der
Ichkeul-See (▶ S. 45) und das nahe gelegene Sumpfgebiet dienen Reihern, Enten
und Graugänsen als Winterquartier.

Touren und
Ausflüge

Oasen in den Bergen, grüne Wälder am Meer, wilde Büffel und riesige Vogelschwärme – folgen Sie uns auf drei Touren durch ein erstaunlich vielgestaltiges Land.

Durch die Kroumirie – Grüne Wiesen und Wälder mit viel Wild

CHARAKTERISTIK: Von der Römerzeit bis zum heutigen Tag – die Kroumirie ist die Kornkammer des Landes DAUER: Tagesausflug LÄNGE: ca. 360 km EINKEHRTIPP: Hotel Thugga, Téboursouk; Tel. 78/46 57 13 €€ KARTE: ▸ S. 118, B 3

Eine Fahrt durch die immergrünen Wälder der Kroumirie ist stets ein Erlebnis, selbst wenn man nur die Hauptstraße befährt. Das wäre allerdings schade, denn links und rechts der Route liegen malerische Städte und ehrwürdige Ruinenfelder. Die Schönheit der Landschaft wird Sie sicher oft zu einem Stopp veranlassen. An vielen Kurven hat man herrliche Blicke ins Land hinein.

Tabarka ▸ Dougga

Die Tour beginnt in **Tabarka**, dem kleinen Fischerdorf an der nordwestlichsten Ecke des Landes, direkt an der Grenze zu Algerien. Die GP 7 Richtung Tunis verläuft zunächst zwischen den Wäldern rechter Hand und dem Meer zur Linken. Im Dörfchen Ouchtata locken üppige Stände mit Obst, das auch sonst oft unterwegs an den Straßenrändern angeboten wird. Nach 32 km kurvenreicher Route erreicht man **Nefza**, ein sehr lebhaftes kleines Städtchen, in dem immer irgendein Markt stattfindet und das man nur im Schritttempo durchfahren kann. Hier teilt sich die Straße. Links geht es über eine Brücke nach Mateur und Bizerte, rechts nach Tunis. Wir biegen in diese Richtung ein und verlassen schon bald das waldreiche Gebirge. Die Landschaft wird nun lieblicher, allerorten sieht man Bauern bei der Feldarbeit. Nach der Kreisstadt **Beja** führt die GP 6 in Richtung Jendouba und zum

Nordhang der Téboursouk-Berge. Hier biegt man nach 11 km links nach Thibar und Téboursouk ein. Die Berge und Wälder des Téboursouk-Gebirges zeichnen sich durch einen bemerkenswerten Reichtum an unterschiedlichen Baum- und Straucharten aus. Die Straße ist sehr kurvenreich, entschädigt aber immer wieder durch neue, herrliche Ausblicke in die Landschaft. Beim Ort **Thibar** kann man links zum ehemaligen Kloster der katholischen »Weißen Väter« abbiegen, die hier den Grundstein zum Weinanbau gelegt hatten und neben Weinen den auch heute noch beliebten Kräuterlikör »Thibarine« produzieren. Inzwischen wurde aus dem Kloster ein Staatsgut, das man aber gerne wieder privatisieren möchte.

Von hier sind es noch 22 km bis **Téboursouk**. Ist der höchste Punkt nach etlichen Windungen erreicht, breitet sich die Stadt zu Ihren Füßen aus. Hier kann man sich eine kleine Rast in einem der Kaffeehäuser im Zentrum gönnen, von wo aus man wieder einen schönen Blick auf das Umland hat. Oder essen Sie zu Mittag im **Hotel Thugga**. 6 km sind es von hier zur Ausgrabungsstätte **Dougga**, dem ersten Höhepunkt der Reise.

Dougga ▸ Bulla Regia

Die Straße nach El-Kef führt mitten durch eine der fruchtbarsten Gegenden des Landes. Die Straße zur Rückfahrt nach Tabarka biegt 17 km vor **El-Kef** ab. Hier bietet es sich an, die sehenswerte Stadt noch zu besuchen (mit Hin- und Rückfahrt zur Abzweigung und kurzem Aufenthalt dauert der kleine Umweg etwa eine Stunde). Ansonsten kann man auch die Rundreise unmittelbar fortsetzen. Die Straße GP 17 umfährt Jendouba und führt in den Kurort Aïn Draham. Nach ungefähr 3 km folgt eine Abzweigung nach **Chemtou** (ausgeschildert). Gegenüber dem Museum beeindrucken den Besucher auch noch heute die gigantischen Marmorfelsen. Der begehrte Stein mit der typischen Gelbfärbung wird wie vor 2000 Jahren auch heute von italienischen Firmen abgebaut.

Zurück von der Besichtigung des sehr weitläufigen Ruinenfeldes von Chemtou und des vorzüglichen lokalen Museums sollte man die genau gegenüber auf einer Anhöhe liegende Numidierstätte **Bulla Regia** samt ihrem Museum besuchen.

Bulla Regia ▶ Tabarka

Genau 15 km nach Bulla Regia beginnt bei Fernana eine der schönsten Regionen Tunesiens. Eine kurvige Straße führt durch herrliche Wälder, deren Duft atemberaubend ist. Der Blick fällt auf eine Landschaft von bezaubernder Schönheit. Ungefähr 4 km nach dem **Hotel Les Chênes** und 2 km vor Aïn Draham sprudelt rechts eine der berühmten Quellen dieser Gegend. Gratis kann man hier das Mineralwasser probieren.

Von **Aïn Draham**, dem höchstgelegenen Ort der Region, der von reizvollen Kiefern- und Korkeichenwäldern umgeben ist, geht es dann wieder abwärts in Richtung Tabarka, und schon bald erblickt man das Mittelmeer.

Die niederschlagsreiche, hügelige Kroumirie (▶ S. 91) bildet das landwirtschaftliche Herzstück Tunesiens. Sie ist mit ausgedehnten Korkeichenwäldern bewachsen.

Oasen in den Bergen – Die Gebirgswelt des Jebel el-Negueb

CHARAKTERISTIK: Eine Fahrt zu den Oasen an der algerischen Grenze fasziniert durch die Kombination kahler Gebirge mit grünen Palmenhainen **DAUER:** 7 Std.

 **LÄNGE:** ca. 190 km **EINKEHRTIPP:** Tamerza Palace Hotel, Route 201, Tamerza; www.tamerza-palace.com; Tel. 76/45 38 44 €€€

KARTE: ▶ S. 120, A 6 (TOZEUR)

Natürlicher Pool mit Wasserfall am Rand der Bergoase Tamerza (▶ S. 84).

Von **Tozeur** aus geht es in Richtung Gafsa. Wüste und Berge am Horizont vermitteln einen Eindruck von der Weite der Landschaft, die jahrhundertelang den Nomaden gehörte.

Metlaoui ▶ Tamerza

Nach 50 km erreicht man **Metlaoui**. Noch vor dem Ortszentrum geht es links ab nach Redeyef über **Moulares**. Beide Orte bilden mit Metlaoui das tunesische Phosphatdreieck. Förderbänder mit Kipploren rattern mehrmals über die Straße. Nach **Redeyef** mit seinen schmucken Häu-

sern und den großen Gärten zeugen einige neu angepflanzte Feigenkakteen von der Kargheit des Bodens.

Hier beginnt die Gebirgswelt des Jebel el-Negueb: kahle, nur von niedrigen Büschen bestandene Bergmassive, an denen das Wasser seit Urzeiten tiefe Einschnitte hinterlassen hat. Kurz vor Tamerza biegt eine Straße rechts ab, ins 6 km entfernte **Midès**, die kleinste der drei Bergoasen. Ein Bummel lohnt sich durch das nach sintflutartigen Regengüssen verlassene alte Midès und in den grandiosen Canyon mit der Oase. Auf gleichem Weg geht es zurück und nach **Tamerza**. Nach einer Mittagspause im **Tamerza Palace** bietet sich ein Spaziergang von der Kaskade zur Grotte an.

Tamerza ▶ Chebika

Die Straße von Tamerza nach Chebika führt durch das wohl schönste Gebirgsmassiv Tunesiens. Die Strecke windet sich kurvenreich an einem Wasserfall (»cascade«) vorbei bis zum höchsten Gipfel mit einer traumhaften Aussicht über Wüsten und Dünen bis zum Chott el-Gharsa. Unten im Tal geht es links nach **Chebika** und zum Parkplatz am Ende der Straße. Dort beginnt ein Spaziergang auf schmalen Felspfaden, vorbei an Palmen und kristallklarem Wasser zur Quelle der Oase. Von Chebika führt die asphaltierte GP 16 zurück auf die Straße Metlaoui–Tozeur.

Spaziergang im Nationalpark Ichkeul – Wilde Büffel und riesige Vogelschwärme

CHARAKTERISTIK: Im Nationalpark von Ichkeul leben wilde Wasserbüffel und Tausende von Zugvögeln **DAUER:** 2–4 Std. (einschl. 20 km Anfahrt von Bizerte) **EINKEHRTIPP:** Café am Parkeingang **AUSKUNFT:** www.ichkeul.info; geöffnet tgl. von 8 Uhr bis Sonnenuntergang, Eintritt frei
KARTE: ▶ S. 119, D 2

Still ruht der See nicht. Denn Hunderttausende Vögel schnattern, singen und krähen hier um die Wette. Bei der Gründung des Ichkeul-Nationalparks – einem von heute insgesamt fünf in Tunesien – standen 1980 gleich mehrere internationale Organisationen Pate, darunter der World Wildlife Fund und die UNESCO. Den größten Teil des Parks mit seinen 12 600 ha nimmt der 8500 ha große See ein, der – weithin sichtbar – auch eine gute Orientierungshilfe darstellt. Überragt wird die Wasserfläche vom 511 m hohen Berg Ichkeul.

Den Naturschutzpark teilen sich in einem friedlichen Nebeneinander Zugvögel und ständig dort lebende Tiere. Die auf mehrere Hunderttausend geschätzten Zugvögel aus Europa wie Graugänse, Störche und verschiedene Entenarten überwintern hier und kehren zu Beginn der warmen Jahreszeit in ihre Heimat zurück. Ihr Geschnatter und Gezwitscher sind die einzigen Laute in der tiefen Stille, die das Gebiet umgibt. Auch Raubvögel lassen sich gerne im Areal des Nationalparks nieder.

Viele Vierbeiner – darunter Wild- und Stachelschweine – sind ebenfalls sesshaft; zudem gibt es Fischotter und eine riesige Fledermaus-Kolonie (in einer Grotte am See). Rätselhaft ist die Herkunft der Wasserbüffel. Man vermutet, dass sie entweder ein Überbleibsel aus osmanischer Zeit sind oder die Reste einer kleinen Herde bilden, die Italien im Jahr 1840 dem Bey von Tunis schenkte.

Der Naturschutzpark liegt unmittelbar hinter der Ortschaft **Tinja** in Richtung Mateur. Man kann mit dem Auto bis zum Parkplatz unterhalb des kleinen Zugvögel-Museums fahren. Zu seinen Füßen erstreckt sich der gewaltige Ichkeul-See. Von hier führen Wanderwege nach links und rechts. Die Pfade sind künstlich angelegt, und man läuft sehr bequem. Der Park ist kein Touristenziel, sodass man damit rechnen kann, allein zu sein. Der Frieden, der von dem einzigartigen Panorama ausgeht, überträgt sich schnell auf den Besucher. Dazu verströmen die über 500 Pflanzenarten, die den natürlichen Reichtum des Schutzgebiets ausmachen, teilweise einen herrlichen Duft. Zwar lässt sich der Berg (in beiden Richtungen) umwandern, nicht jedoch der See. Ein wunderschönes Bild und eine Vorstellung von den riesigen Ausmaßen des Sees erhält man aber, wenn man am Ortsausgang von Bizerte, anstatt die Strecke nach Mateur zu nehmen, rechts in Richtung **Tabarka** abbiegt. Die nahezu unbefahrene Route führt an der Hälfte des Sees entlang. An der Gabelung nimmt man schließlich die ausgeschilderte Straße Richtung Tinja.

Der Innenhof der Barbiermoschee in
Kairouan (▶ S. 60) ist ein Glanzstück
nordafrikanisch-islamischer Architektur.

Wissenswertes
über Tunesien

Nützliche Informationen für einen gelungenen
Aufenthalt: Fakten über Land, Leute und Geschichte
sowie Reisepraktisches von A bis Z.

Auf einen Blick

Mehr erfahren über Tunesien – Informationen über Land und Leute, von Bevölkerung über Politik und Sprache bis Wirtschaft.

AMTSSPRACHE: Arabisch und Französisch
BEVÖLKERUNG: 98 % Araber
EINWOHNER: 10,6 Mio.
FLÄCHE: 162 155 qkm
HAUPTSTADT: Tunis
INTERNET: www.tunesien.info
RELIGION: 99 % Muslime
STAATSFORM: Republik
STAATSOBERHAUPT: Übergangs-
präsident Moncef Marzouki
WÄHRUNG: Tunesischer Dinar (tD)

Bevölkerung

Die Vertreter vieler Kulturen hinterließen ihre Spuren in Tunesien, angefangen von den Phöniziern und den Römern über die germanischen Vandalen bis hin zu den Ottomanen, Spaniern und Franzosen. Der Großteil der heutigen Bevölkerung zählt zur Volksgruppe der Araber; die vor ihnen in dem Land siedelnden Berber machen nur noch rund 1 % aus. Etwa ein Viertel der tunesischen Bevölkerung ist unter 15 Jahre alt; das Bevölkerungswachstum liegt inzwischen bei unter 1 %.

Politik und Verwaltung

Nach seiner Unabhängigkeit im Jahr 1956 wurde Tunesien in etwa zwei Dutzend Governorate (administrativ-territoriale Verwaltungseinheiten) unterteilt und deren – kaum mit Machtbefugnis ausgestattete – Chefs (Gouverneure) direkt dem

◄ Stolz präsentiert dieser Verkäufer seine riesigen, saftigen Wassermelonen.

Staatspräsidenten unterstellt. Zunächst war das Habib Bourguiba (1957–1987), dann Zine el-Abidine Ben Ali (1987–2011).

Nach der Flucht des Letzteren aus seinem Land angesichts der sich zuspitzenden Proteste der Bevölkerung im Januar 2011 und dem Ausbruch der Jasmin-Revolution, der Initialzündung für den »arabischen Frühling« im gesamten Maghreb und im Nahen Osten, wurde ein Übergangspräsident bestimmt und eine Übergangsregierung gebildet.

Im Oktober 2011, nachdem sich an die 100 Parteien neu gegründet hatten (bis zum Sturz Ben Alis waren es rund zehn) wählten die Tunesier erstmals in freier, demokratischer Manier eine Assemblée constitutionelle. Dieses Gremium aus Politikern der gemäßigt-islamistischen Ennahda-Partei, des CPR (Kongress für die Republik) und des Ettakatol (Demokratisches Forum für Arbeit und Freiheit) soll eine neue Verfassung für das Land ausarbeiten und die Präsidentschafts- und Parlamentswahl organisieren.

Sprache und Religion

Seit den Achtzigerjahren ist neben dem Arabischen auch das Französische in der Grundschule Pflicht. Zahlreiche ältere Menschen sprechen indes nur Arabisch, im Süden noch Berberdialekte geläufig. In den Touristikregionen beherrschen viele Einheimische auch Deutsch.

Der Islam ist Staatsreligion, 99 % der Tunesier bekennen sich zu diesem Glauben. Weiter gibt es kleine Minderheiten von Christen und Juden.

Wirtschaft

Wichtigste Wirtschaftsfaktoren sind der Dienstleistungssektor (ca. 60 % des Bruttosozialprodukts), die Industrie (Phosphor, Textilien, Leder, Möbel, Konserven; ca. 30 %) und die Landwirtschaft (Gemüse, Obst, Getreide, Olivenöl; ca. 10 %). Eine überaus wichtige Rolle spielt der Tourismus. Bis zu 8 Mio. Urlauber zog Tunesien in guten Jahren an. Nach der Jasmin-Revolution 2011, vor allem jedoch nach Ausbruch des Libyenkriegs, gingen die Gästezahlen drastisch zurück (40–45 %).

Das Jahresdurchschnittseinkommen beträgt ca. 4200 US-$; das Mindesteinkommen wurde im Mai 2011 auf rund 280 tD monatlich erhöht. Die Lebenshaltungskosten sind seit 2008 deutlich gestiegen (Fleisch um ca. 50 %, Fisch um ca. 30 %) – mit ein Grund für die Unruhen, die letztlich zur Jasmin-Revolte führten. Im Oktober 2011 betrug die Inflationsrate 3,4 %, andere Quellen sprechen für 2010 von 4,4 % – bei einem Wirtschaftswachstum von nur 3,7 % (bis 2008 waren es noch knapp 5 %, und noch 2009 wurde Tunesien vom Weltwirtschaftsforum als wettbewerbsfähigste Volkswirtschaft Afrikas ausgezeichnet – im weltweiten Ranking landete es auf Platz 36, vor Portugal und Italien).

Allerdings profitierten vom Wachstum vor allem eine kleine Elite und die weitverzweigte Herrscherfamilie Ben Ali/Trabelsi. 2011 betrug die Arbeitslosenquote 18,5 % – obwohl die Tunesier im Vergleich mit den Nachbarländern sehr gut ausgebildet sind, die Mittelschicht stark ist. Doch aufgrund der weitverbreiteten Korruption im Land fanden selbst Akademiker zuletzt kaum Arbeit.

Geschichte

um 3000 v. Chr.
Berberstämme besiedeln Nordafrika.

1011 v. Chr.
Phönizische Seefahrer legen die Stadt Utica (Ityke) an.

814/813 v. Chr.
Die kleinasiatische Prinzessin Dido (Elissa) gründet Karthago (von Qart Hadascht = Neue Stadt).

264–241 v. Chr.
Erster (Römisch-)Punischer Krieg. Karthago muss auf seine sizilianischen Besitzungen verzichten.

218 v. Chr.
Hannibal bricht mit 40 000 Soldaten zur Überquerung der Alpen auf.

218–201 v. Chr.
Zweiter Punischer Krieg. Im Friedensvertrag erklären sich Rom und Karthago zu »Freunden und Bundesgenossen«, Karthago verliert seine Kolonien.

149–146 v. Chr.
Der Dritte Punische Krieg führt zur völligen Zerstörung Karthagos.

104 v. Chr.
Mit Jughurtas Hinrichtung in Rom endet das letzte Numidier-Reich.

ab 27 v. Chr.
Augustus lässt Karthago als Hauptstadt der Provinz Africa proconsularis wieder aufbauen.

1. Jh. n. Chr.
Ausdehnung der Landwirtschaft, großzügiger Olivenanbau. Tunesien wird zur Kornkammer Roms.

439
Einfall der germanischen Vandalen.

533
Der byzantinische Kaiser Justinian unterwirft Tunesien.

670
Uqba Ibn Nafi gründet Kairouan; Beginn der arabischen Eroberung.

702
Mit dem Tod der Königin Kahina endet der Widerstand der Berber.

800
Ibrahim Ibn el-Aghlab begründet die Aghlabiden-Dynastie. Kulturelle und wirtschaftliche Blüte.

876
Raqada bei Kairouan wird zur neuen Residenzstadt.

909
Abdallah Abu Mohamed gründet in Raqada die Dynastie der Fatimiden.

972–1051
Lokale Dynastie der Ziriden.

1051
Die Fatimiden schicken als Rache für die Konvertierung der Ziriden zum sunnitischen Glauben den räuberischen Stamm der Beni Halal.

1134–1156
Der Normannenfürst Roger II. besetzt verschiedene Küstenstädte.

1160
Die marokkanischen Almohaden erobern Tunesien.

1229–1574
Hafsiden-Dynastie; völlige Arabisierung und neue Blütezeit.

1236
Tunis wird Hauptstadt des Landes.

1332
Der berühmte arabische Historiker Ibn Khaldoun wird in Tunis geboren.

1574
Beginn der türkischen Herrschaft.

1705
Hussein Ben Ali wird erster Bey der Husseiniden-Dynastie, die bis 1957 an der Macht bleibt.

12. 5. 1881
Tunesien wird mit dem Bardo-Vertrag französisches Protektorat.

2. 3. 1934
Habib Bourguiba gründet die Neo-Destour-Partei.

1941
Die deutsche Wehrmacht besetzt im Nordafrikafeldzug Teile Tunesiens.

20. 3. 1956
Tunesien wird unabhängig.

25. 7. 1957
Abdankung des Königs und Ausrufung der Republik. Habib Bourguiba wird erster Präsident Tunesiens.

1959
Tunesiens erste Verfassung tritt in Kraft.

15. 10. 1963
Frankreich räumt Bizerte, seine letzte koloniale Besitzung in Tunesien.

7. 11. 1987
Entmachtung Bourguibas durch Ministerpräsident Zine El-Abidine Ben Ali, der selbst Präsident wird.

20. 3. 1994
Mit 99,91 % wird Ben Ali zum zweiten Mal als Präsident bestätigt.

14. 4. 1996
Mit Johannes Paul II. besucht zum ersten Mal ein Papst Tunesien.

24. 10. 1999
Ben Ali gewinnt zum dritten Mal die Präsidentschaftswahlen.

6. 4. 2000
Im Alter von 97 Jahren stirbt Habib Bourguiba.

24. 10. 2004
Ben Ali tritt nach einer Verfassungsreform seine vierte Amtszeit als Präsident Tunesiens an.

17. 12. 2010
Selbstverbrennung des 26-jährigen Gemüsehändlers Mohammed Bouazizi in Sidi Bouzid aus Protest gegen die Behördenwillkür.

14. 1. 2011
Sturz des Autokraten Zine el-Abidine Ben Ali; offizieller Beginn der Jasmin-Revolution.

23. 10. 2011
Erstmals finden in Tunesien freie, demokratische Wahlen statt; stärkste Kraft wird die umstrittene, gemäßigt islamistische Ennahda-Partei.

22. 12. 2011
Bildung der neuen Verfassungsgebenden Versammlung.

Sprachführer Französisch

Aussprache

~ über einem Vokal bedeutet, dass
  er nasal ausgesprochen wird:
ā wie chance
ē wie terrain
õ wie bonbon

Wichtige Wörter und Ausdrücke

Ja – oui [ui]
Nein – non [nõ]
danke – merci [mersi]
gern geschehen – de rien [dö rjän]
Wie bitte? – comment [komā]
Ich verstehe nicht. – je ne com-
  prends pas [schö nö kõmprā pa]
Entschuldigung – pardon/excusez-
  moi [pardõ/exküseh-moa]
Hallo – salut [salü]
Guten Morgen/Tag – bonjour
  [bõschur]
Guten Abend – bonsoir [bõsuar]
Auf Wiedersehen – au revoir
  [oh röwuar]
Ich heiße … – je m'appelle
  [schö mapäl]
Ich komme aus … – je suis de
  [schö süi dö]
– Deutschland. – l'Allemagne
  [l'allmanj]
– Österreich. – l'Autriche
  [l'otrisch]
– der Schweiz. – la Suisse [la suis]
Wie geht's? – comment allez-
  vous/vas-tu [kommā alleh-wu/
  kommā wa-tü]
Danke, gut. – bien, merci
  [bjē mersi]
wer, was, welcher – qui, quoi, lequel
  [ki, koa, lökel]
wann – quand [kā]
wie viel – combien [kombiē]
wie lange – combien de temps –
  [kombiē dö tā]

Sprechen Sie Deutsch/Englisch?
  – parlez-vous allemand/
  anglais [parleh-wu almā/
  ānglä]
heute – aujourd'hui [oschurdüi]
morgen – demain [dömē]
gestern – hier [iär]

Zahlen

eins – un [ē], une [ün]
zwei – deux [döh]
drei – trois [troa]
vier – quatre [katr]
fünf – cinq [sēk]
sechs – six [sis]
sieben – sept [set]
acht – huit [üit]
neun – neuf [nöf]
zehn – dix [dis]
einhundert – cent [sā]
eintausend – mille [mil]

Unterwegs

rechts – à droite [a droat]
links – à gauche [a gohsch]
geradeaus – tout droit [tu droa]
Wie kommt man nach …? –
  pouvez-vous m'indiquer le
  chemin pour aller à [puwe wu
  mēdike lö schömā pur ale a]
Wo ist … – où se trouve
  [u sö truw]
– die nächste Werkstatt? –
  le garage le plus proche
  [lö garasch lö plü prosch]
– der Bahnhof? – la gare [la gar]
– die nächste U-Bahn? –
  l'arrêt de métro le plus proche [lar-
  rä dö metroh lö plü prosch]
– der Flughafen? – l'aéroport
  [laehropor]
– die Touristeninformation?
  – l'office de tourisme
  [loffis dö turism]

– die nächste Tankstelle? –
la station-service la plus proche
[la stasjõ servis la plü prosch]

Bitte voll tanken! – le plein s'il vous
plaît [lö plẽ sil wu plä]

Normalbenzin – essence [esãs]

Ich möchte ein Auto/Fahrrad
mieten. – je voudrais louer une
voiture/un vélo [schö wudrä lueh
ün voatür/ẽ welo]

Wir hatten einen Unfall. – on a eu
un accident [õna ü ẽ aksidã]

Wo finde ich … – où est-ce que je
trouve [uäskö schö truw]

– einen Arzt? – un médecin
[ẽ medsẽ]

– eine Apotheke? – une pharmacie
[ün farmasi]

Eine Fahrkarte nach … bitte!
– un ticket pour … s'il vous plaît!
[ẽ tikä pur …, sil wu plä]

Übernachten

Ich suche ein Hotel. – je cherche un
hôtel [schö schersch ẽnohtäl]

Haben Sie noch Zimmer frei …
– avez-vous encore des chambres
de libres [aweh-wu ãkor deh schã-
brdö libr]

– für eine Nacht? – pour une nuit
[pur ün nüi]

– für eine Woche? – pour une
semaine [pur ün sömän]

Ich habe ein Zimmer reserviert.
– j'ai réservé une chambre
[schä reserveh ün schäbr]

Wie viel kostet das Zimmer …
– combien coûte la chambre
[kombiẽ kut la schäbr]

– mit Frühstück? – avec le petit déjeuner [awek lö pöti dehschöneh]

– mit Halbpension? – en demi-
pension [ã dömi pãsiõ]

Kann ich das Zimmer sehen?
– est-ce que je peux voir la chambre
[äsko schö pöh vuar la schäbr]

Ich nehme das Zimmer. – je prends
la chambre [schö prä la schäbr]

Ich möchte mich beschweren.
– je voudrais porter plainte.
[schö wudrä porteh plẽnt]

funktioniert nicht – ne marche pas
[nö marsch pa]

Essen und Trinken

Die Speisekarte bitte! – la carte s'il
vous plaît [la kart sil wu plä]

Die Rechnung bitte! – l'addition s'il
vous plaît [ladisjõ sil wu plä]

Ich hätte gern … – Je vais prendre
– [schö wä prädre]

Wo finde ich die Toiletten
(Damen/Herren)? – où sont les
toilettes? (dames/hommes)
[u sõ leh toalät (dam/om)]

Kellner/-in – monsieur/made-
moiselle/madame [mösjöh/
madmoasel/madam]

Frühstück – petit déjeuner
[pöti dehschöneh]

Mittagessen – déjeuner
[dehschöneh]

Abendessen – dîner [dineh]

Einkaufen

Wo gibt es …? – où se trouve
[u sö truw]

Haben Sie …? – avez-vous
[aweh-wu]

Wie viel kostet …? – combien ça
coûte? [kombiẽ sa kut]

Das ist zu teuer. – c'est trop cher
[sä tro schär]

Geben Sie mir bitte 100 Gramm/
ein Kilo … – je voudrais cent
gramme/un kilo de [schö wudrä
sã gram/ẽ kilo dö]

Briefmarken für einen Brief/eine
Postkarte nach … – des timbres
pour une lettre/carte postale pour
[deh tẽbr pur ün lettr/ün kart
postal pur]

Kulinarisches Lexikon

A

agneau – Lamm
ail – Knoblauch
amandes – Mandeln
artichauts – Artischocken

B

beurre – Butter
bisque – Krebssuppe
blanc de poulet – Hühnerbrust
bœuf – Rindfleisch
bœuf à la mode – Schmorbraten
boisson – Getränk
brik – Teigtasche
brochette – Fleischspieß
brouillade – Rühreier
brut – sehr trocken

C

cacahouètes – Erdnüsse
calmar – Kalmar
canard – Ente
chou – Kohl
choufleur – Blumenkohl
civet – Schnittlauch
clovisses – Venusmuscheln
coing – Quitte
concombre – Gurke
confiserie – Süßwaren
coq – Hahn
coq au vin – in Rotwein geschmor-
    tes Hühnerfleisch
couscous – Nationalgericht aus
    Grieß, Fleisch und Gemüse
crêpe – Eierpfannkuchen
crevettes – Garnelen
crevettes royales – Riesengarnelen

D

dattes – Datteln
déjeuner – Mittagessen
dinde – Pute
dorade – Goldbrasse
diner – Abendessen

E

écrevisse – Krebs
eau – Wasser
eau minérale – Mineralwasser
eau plate – ohne Kohlensäure
entrée – Vorspeise
épices – Gewürze
épinard – Spinat
escalope – Schnitzel
escargot – Schnecke
espardon – Schwertfisch

F

faisan – Fasan
farci – gefüllt
fenouil – Fenchel
figues – Feigen
fines herbes – gehackte Kräuter
fletan – Heilbutt
foie – Leber
fraises – Erdbeeren
framboise – Himbeere
friture – gebratene Fische
fromage – Käse
fruits – Früchte
fruits de mer – Meeresfrüchte

G

gateau – Kuchen
gazeuse – mit Kohlensäure
gibier – Wild
gigot d'agneau – Lammragout
glace – Eis
glaçon – Eiswürfel
gratiné – überbacken
grillade – Rostbraten
grillé – gegrillt

H

haché – gehackt
hachis – Hackbraten
haricots – Bohnen
harissa – Chilisauce
herbes – Kräuter

homard – Hummer
hors d'œuvre – Vorspeisen

I
infusion – Tee in Beuteln

J
jambon – Schinken
jus – Saft

L
lait – Milch
langoustines – kleine Langusten (Scampi)
légume – Gemüse
loup de mer – Wolfsbarsch

M
maquereaux – Makrelen
menthe – Minze
merguez – Würstchen
mérou – Zackenbarsch
miel – Honig
moules – Miesmuscheln
mouton – Hammel
mulet – Meeräsche

N
nouilles – Nudeln

O
œuf – Ei
œuf sur le plat – Spiegelei
oignons – Zwiebeln
omelette aux fines herbes – Kräuteromelett

P
pageot – Rotbrasse
pain – Brot
– intégral – Vollkornbrot
pâte – Teigwaren
pastèque – Wassermelone
pâtisserie – Kuchen
paupiettes de veau – Kalbsroulade
pêches – Pfirsiche

petit déjeuner – Frühstück
petits pois – Erbsen
pignols – Pinienkerne
piment – scharfer Pfeffer
pistaches – Pistazienkerne
plat du jour – Tagesmenü
poire – Birne
poisson – Fisch
poivre – Pfeffer
pomme – Apfel
pomme de terre – Kartoffel
potage – Suppe
poulet – Hühnchen
poulet rôti – Brathühnchen
poulpe – Krake
prune – Pflaume

Q
quenelles – Fleischklößchen

R
raisin – Weintraube
repas – Mahlzeit
riz – Reis
rognons – Nieren
rôti – Braten

S
saignant – blutig (Steak)
sanglier – Wildschwein
seiche – Tintenfisch
sel – Salz
semoule – Grieß
sole – Seezunge
sucre – Zucker

T
tarte – Torte
terrine – Fleischpastete
thon – Thunfisch

V
veau – Kalb
viande – Fleisch
vin – Wein
volaille – Geflügel

Reisepraktisches von A–Z

ANREISE

MIT DEM AUTO

Die zeitraubende Anreise mit dem eigenen Wagen lohnt sich eigentlich nur, wenn man länger im Land bleiben möchte. Der nächstgelegene Hafen für die Überfahrt ist Genua. (Compagnie Tunisienne de Navigation: Genua–Tunis–Genua ab 560 €, zwei Fahrten wöchentlich, ungefähr 20 Std., www.ctn.com.tn).

MIT DEM FLUGZEUG

Während die Lufthansa lediglich die Strecke Frankfurt–Tunis bedient, verbindet Tunisair mehrere deutsche Städte mit Djerba, Monastir, Tabarka, Tozeur (nur im Winter) und Tunis. Ein reguläres Linienticket, etwa von Frankfurt nach Tunis, gibt es ab 250 €. Die Preise variieren indes stark nach oben je nach Wochentag und Saison. Günstigere Angebote findet man in der Regel bei den Chartergesellschaften. Sie fliegen derzeit direkt nur Djerba, Tabarka und Enfidha/Hammamet (2010 eröffnet) an.
Auf www.atmosfair.de und www.myclimate.org kann jeder Reisende durch eine Spende für Klimaschutzprojekte für die CO_2-Emission seines Fluges aufkommen.

VOM FLUGHAFEN IN DIE STADT

An den internationalen Flughäfen Djerba, Monastir, Sfax, Tozeur und Tunis stehen Taxis und Mietwagen bereit. Eine Taxifahrt vom Flughafen Tunis-Carthage ins Stadtzentrum kostet 6–10 tD. Nur Taxis mit funktionierendem Taxameter nehmen! Für Gepäck kann ein leider nicht klar definierter Zuschlag (bis 2 tD) erhoben werden.

JACHTING

Tunesien verfügt über drei große Jachthäfen: Cap Monastir, Port El-Kantaoui und Sidi Bou Saïd. Geringere Platzkapazitäten bieten die Häfen Bizerte, Houmt Souk, Kelibia, La Goulette (Tunis), Mahdia, Sfax und Tabarka. In den letzten Jahren steuern immer mehr Jachten die tunesischen Häfen an. Fragen Sie daher rechtzeitig beim jeweiligen Touristenbüro nach dem Angebot an freien Plätzen nach.

AUSKUNFT

IN DEUTSCHLAND, ÖSTERREICH UND DER SCHWEIZ

Fremdenverkehrsamt Tunesien
www.tunesien.info
– Bockenheimer Anlage 2, 60322 Frankfurt/Main • Tel. 0 69/1 33 83 50
– Opernring 1, Stiege R, 1010 Wien • Tel. 01/5 85 34 80
– Bahnhofstr. 69, 8001 Zürich • Tel. 01/2 11 48 30

IN TUNESIEN

Jeder größere Ort in den Touristengebieten verfügt über ein ONTT (Office National du Tourisme Tunisien) oder ein Bureau d'Information Touristique (CRT).

BUCHTIPPS

Tahar Ben Jelloun: Arabischer Frühling. Vom Wiedererlangen der arabischen Würde (Berlin Verlag 2011) Analyse des Beginns der »Arabellion« durch den marokkanischen Schriftsteller und Psychotherapeuten in einer Mischung aus persönlich gefärbten politischen Essays, Zeitungsartikeln und literarischen Betrachtungen.

Frank Nordhausen und Thomas Schmidt: Die arabische Revolution. Demokratischer Aufbruch von Tunesien bis zum Golf (Verlag Ch. Links 2011) Zehn Journalisten und Nahostexperten zeichnen in bewegenden Bildern den Gang der Revolution in den einzelnen Ländern und liefern die notwendigen Hintergründe zu deren Verständnis.

Gustave Flaubert: Salambo (Fischer Klassik Tb. 2010) Dichterische Aufarbeitung historischer Fakten zu Karthago. Der Autor hatte sich im 19. Jh. vor Ort ausführlich informiert.

Habib Selmi: Bajjas Liebhaber (Lenos 2006) Porträt einer zerfallenden Männerrunde. Der Kairouaner Autor protokolliert in diesem Roman den fortschreitenden Verlust an Liebenswürdigkeit im Greisenalter.

DIPLOMATISCHE VERTRETUNGEN

Botschaft Deutschlands
▸ Klappe hinten, nördl. c 1

1, rue El-Hamra (Ecke Jughurta), 1001 Tunis-Mutuelleville • Tel. 71/78 64 55 • www.tunis.diplo.de

Honorarkonsul auf Djerba
▸ S. 73, b 1

Dr. Slahedin Anane • 8, rue Béchir Sfar, 4180 Houmt Souk (Djerba) • kein Tel., Fax 75/75 77 68 • E-Mail: info@djerba-thermalisme.com

Botschaft Österreichs
▸ Klappe hinten, nördl. d 1

16, rue Ibn Hamdiss • 1004 Tunis-El Menzah • Tel. 71/23 90 38, 71/23 90 67, 71/75 10 91-94

Botschaft der Schweiz
▸ Klappe hinten, nordöstl. f 1

Jardin du Lac 2, Zone V, 1053 Les Berges du Lac • Tel. 71/19 19 97

FEIERTAGE

1. Jan. Neujahr
14. Januar Tag der Jasmin-Revolution 2011
20. März Tag der Unabhängigkeit (Nationalfeiertag)
21. März Tag der Jugend
9. April Tag der Märtyrer
1. Mai Tag der Arbeit
25. Juli Tag der Republik
13. Aug. Tag der Frau

Die religiösen Feiertage richten sich nach dem islamischen Mondjahr, das zehn bis elf Tage kürzer als unser Sonnenjahr ist. Die Termine islamischer Feste verschieben sich daher jedes Jahr um zehn bis elf Tage nach vorn.

FKK

FKK ist wie in jedem islamischen Land verboten. »Oben ohne« wird in den Strandhotels jedoch geduldet.

FOTOGRAFIEREN

Für Moslems bedeutet fotografiert oder gefilmt zu werden meist eine Verletzung ihrer Privatsphäre. Im Landesinneren kann man mit einem Schnappschuss aus der Polaroidkamera jedoch oft große Freude bereiten. In jedem Fall sollte man zuvor um Erlaubnis fragen.

GELD

1 tD	0,50 €/0,60 SFr
1 €	1,99 tD
1 SFr	1,66 tD

Die Währungseinheit ist der tunesische Dinar (tD), der in 1000 Millimes unterteilt ist. 1 € = 1,998 tD, 1 sFr = 1,657 tD. Banken und Hotels wechseln zum gleichen Kurs. In den meisten Hotels, in guten Geschäften und in den Souvenirläden im Bazar werden alle gängigen **Kreditkarten** akzeptiert. Es gibt Scheine zu 10, 20 und 30 Dinar. Mit 10-Dinar-Scheinen vermeidet man Schwierigkeiten beim Wechseln. Die Ein- und Ausfuhr tunesischer Währung ist nicht gestattet.

INTERNET

Fast alle größeren Hotels bieten Internetzugang, nicht immer jedoch kostenlos und überall im Haus. In Luxusherbergen gibt es meist WI-FI-Zonen und auch die Möglichkeit, den eigenen Laptop im Zimmer einzustöpseln. Günstig sind die in fast jeder Stadt zu findenden öffentlichen »Publinet«-Punkte (max 2 tD/Std., Abrechnung meist nach Min.). Allerdings arbeiten die Computer dort oft recht langsam. Einige Websites zur Reisevorbereitung:

www.tunisienumerique.com
Tunesien in der Ära der Demokratie lautet der Untertitel dieser arab.-frz. Site, die neben Weltnachrichten vor allem aus Tunesien und dem Maghreb berichtet – über Politik und Wirtschaft ebenso wie u. a. über Gesellschaftliches, Kultur und Technik.

www.tunispro.de
Private, deutschsprachige Site mit weitgehend buchungsunabhängigen Inhalten, auch für Langzeiturlauber.

www.mein-tunesien.de
Private deutschsprachige Website, sehr persönlich gehalten, aber mit interessanten Links und Texten u. a. zu Musik, Duftessenzen oder Beauty (Henna, Harkous).

www.tunisiemeteo.com
Wettervoraussagen im Detail für alle größeren Orte des Landes.

KLEIDUNG

Neben sommerlicher Baumwollkleidung empfehlen sich stets ein Pullover und eine leichte Jacke. Elegante Sportkleidung ist durchaus auch für Luxushotels ausreichend. In der Wüste kann es nachts empfindlich kalt werden. Generell sollten Männer wie Frauen auf korrekte Kleidung achten, Shorts und Bikinioberteile gehören nur an den Strand/Pool. Im Winter ist sowohl für den Norden des Landes als auch für den Süden warme Kleidung erforderlich.

MEDIZINISCHE VERSORGUNG
KRANKENVERSICHERUNG

Der Abschluss einer Auslandsreisekrankenversicherung ist ratsam. Lassen Sie sich bei einem Arztbesuch eine detaillierte Rechnung ausstellen, um den Betrag von Ihrer Krankenkasse zurückerstattet zu bekommen.

KRANKENHAUS

Tunesien verfügt zumindest in den Großstädten über Hospitäler, deren Ausstattung auf europäischem Niveau liegt. Die Ärzte, die hier arbeiten, haben oft in Europa studiert, und spezielle »Privatkliniken« bieten heute eine medizinische Qualität, die man aus Europa gewohnt ist, wenn auch zu einem höheren Preis als die staatlichen Hospitäler. Rund um die Uhr besetzte Notfallkliniken:
– Tunis: Urgence Hôpital Habib Thameur • Tel. 73/9 70 00
– Sousse: Urgence Hôpital Sahloul • Tel. 73/36 94 11
– Monastir: Urgence Hôpital Fattouma Bourguiba • Tel. 73/44 71 09
– Mahdia: Urgence Hôpital Tahar Sfar • Tel. 73/67 17 44

APOTHEKEN

Außerhalb der üblichen Öffnungszeiten unter der Woche (8.30–12.30 und 15.30–19.30 Uhr) gibt es stets einen »service de nuit« bzw. eine »pharmacie de garde« (auch Sa/So), deren Telefonnummer und Adresse in der Regel an der Apothekentür vermerkt ist bzw. täglich in der Zeitung steht. Medikamente sind stets in bar zu bezahlen, oft günstiger als in Deutschland und ohne Rezept erhältlich (z. B. Antibiotika).

NOTRUF

– Polizei: Tel. 197
– Zivilschutz/Rettungsdienste: Tel. 198

ÖFFNUNGSZEITEN

Feste Öffnungszeiten haben nur Banken, Behörden und Museen. Sie sind jedoch weder im ganzen Land noch innerhalb einer Stadt einheitlich. Bis Mittag jedenfalls sind alle offen. Die Öffnungszeiten der Geschäfte differieren beträchtlich, Sonntagsruhe gibt es nur in größeren Städten und dort auch nur teilweise.
Im Fastenmonat Ramadan und in den Sommermonaten Juli/August arbeiten Behörden, Banken und die meisten Betriebe »sens unique«, d. h., sie öffnen sehr früh und bleiben ohne Pause bis gegen 13 Uhr geöffnet, Banken bis etwa 11 Uhr. Geschäfte schließen im Ramadan etwa eine Stunde vor Fastenende, öffnen aber meistens am Abend wieder.

POST

Briefe und Karten nach Deutschland, Österreich und in die Schweiz kosten 0,600 tD. Briefmarken gibt es auch an Kiosken. Es existieren keine für alle Postämter gültigen Öffnungszeiten, auch nicht innerhalb einer Stadt. Von 8 bis 12 Uhr sind jedoch alle geöffnet. Die tunesischen Briefkästen sind in der Regel hellgelb.

NEBENKOSTEN

1 Tasse Kaffee	0,60 €
1 Bier	1,50 €
1 Cola	1,00 €
1 Baguette (ca. 200 g)	0,12 €
1 Schachtel Zigaretten	1,00 €
1 Liter Benzin	0,70 €
Öffentl. Verkehrsmittel (Einzelfahrt)	0,25 €
Mietwagen/Tag	ab 30,00 €

REISEDOKUMENTE

Für die Einreise genügt der gültige Reisepass, bei Gruppen der Personalausweis. Für Autoanmietung ist der internationale Führerschein notwendig. Ein Visum ist für Deutsche nur bei einem Aufenthalt von mehr als vier Monaten erforderlich.

REISEKNIGGE

Die Tunesier stehen Ausländern, besonders Touristen, generell freundlich gegenüber. Man sollte dem Rechnung tragen und die Sitten und Gebräuche des Landes entsprechend respektieren. Der Kontakt mit der Bevölkerung bleibt meistens auf die Urlauberzonen beschränkt, wo man von Haus aus tolerant und auf Eigenarten der Fremden eingestellt ist. In ländlichen Gegenden wird man die Warmherzigkeit der Tunesier wesentlich stärker spüren, jedoch sollte man auch mehr auf Empfindlichkeiten Rücksicht nehmen. Das betrifft sowohl dezente Kleidung als auch den Umgang mit einheimischen Frauen, die zu fotografieren man tunlichst vermeiden sollte. Legere Kleidung wird auf dem Land nicht sehr geschätzt.
Wer an einem Ausflug nach Tunis – ein fester Programmpunkt in

allen Hotelzonen von Hammamet bis Djerba – teilnimmt, sollte seine Strandkleider vor Ort lassen und sich so anziehen, wie er das auch bei einem Stadtbesuch in der Heimat tun würde. Bei den eigentlich sehr seltenen Auseinandersetzungen mit der Polizei, aber auch mit Tunesiern selbst ist Freundlichkeit oberstes Gebot. Damit lassen sich nahezu alle Probleme lösen, denen unter normalen Umständen ein Tourist ausgesetzt sein könnte. Beim Verkehr denke man daran: Passen Sie Ihre Fahrweise den veränderten Verkehrsbedingungen an.

REISEWETTER

Der Klimaunterschied zwischen dem waldreichen Nordwesten und dem wüstennahen Süden ist beträchtlich. Die schönste Zeit für Reisen im Inneren des Landes ist zweifellos der Frühling, wenn alles in den prächtigsten Farben erstrahlt. Ansonsten sind die Monate April, Mai, Juni und September/Anfang Oktober am günstigsten. Das Schwimmen im Mittelmeer ist von Juni bis Oktober möglich. An der Küste sind auch die reinen Sommermonate erträglich. Die Oasen sollte man in dieser Zeit jedoch unbedingt meiden.

STROM

Im ganzen Land beträgt die Spannung 220 Volt. In Tunesien werden die französischen bzw. belgischen Steckverbindungen vom Typ E verwendet. Obwohl diese prinzipiell mit deutschen Steckern und Steckdosen verwendet werden können, gilt dies nicht in jedem einzelnen Fall.

TELEFON
VORWAHLEN

D, A, CH ▸ Tunesien 0 02 16
Tunesien ▸ D 00 49
Tunesien ▸ A 00 43
Tunesien ▸ CH 00 41

Telefongespräche ins Ausland sind dank der zahllosen öffentlichen Fernsprecher (»taxiphone«) problemlos. Eine Minute nach Europa kostet 0,7 tD, von 20 bis 7 Uhr ca. 0,6 tD. Telefonate vom Hotel aus sind wie überall wesentlich teurer. Bei Stadtgesprächen muss stets auch die Vorwahl eingegeben werden. Handy-Verbindungen nach Europa sind einfach, die Tarife sind beim Betreiber zu erfahren. Das tunesische Mobilfunknetz hat mit dem fast explosionsartigen Verkauf von Mobiltelefonen (hier: »portable«) nicht Schritt gehalten und liegt im Argen. Telefonauskunft:

Mittelwerte	JAN	FEB	MÄR	APR	MAI	JUN	JUL	AUG	SEP	OKT	NOV	DEZ
Tages-temperatur	16	18	21	23	26	29	32	33	31	28	23	18
Nacht-temperatur	8	9	11	14	16	20	22	23	22	19	14	10
Sonnen-stunden	8	8	9	9	10	11	12	12	10	8	8	7
Regentage pro Monat	5	5	4	3	2	1	0	1	4	5	5	5
Wasser-temperatur	16	16	15	17	18	21	24	26	26	24	20	18

1200 (offizielle Nummern) und 1210 (Privatanschlüsse).

TIERE

Für die Mitnahme von Hunden und Katzen sind ein **Gesundheitszeugnis** und ein **Impfschein** gegen Tollwut und Staupe erforderlich. Die Impfungen dürfen nicht länger als sechs Monate und nicht weniger als einen Monat zurückliegen. Größere Hotels erlauben das Mitbringen von Hunden, die aber – wie in allen islamischen Ländern – nicht gerne gesehen sind.

TRINKGELD

In Restaurants sind zwischen 5 und 10 % Trinkgeld üblich, dem Gepäckträger gibt man einen halben bis einen Dinar (Münzstück).

VERKEHR
BAHN

Das Bahnnetz verbindet fast alle wichtigen Städte mit der Hauptstadt Tunis. Ausführliche Informationen erhält man nur bei den Bahnstationen direkt. Fahrkarten möglichst am Vortag kaufen. Es gibt drei Klassen: zweite, erste und Class Comfort (CCI). Die meisten Waggons sind jedoch sehr veraltet. Zwischen Tunis, Sousse und Sfax verkehrt inzwischen ein moderner Schnellzug.

BUS

Das Netz der staatlichen Busgesellschaft **SNTRI** (Société Nationale de Transport Interurban) ist sehr gut ausgebaut. Tunis ist zwar nach wie vor Verkehrsknotenpunkt, aber es gibt inzwischen auch viele Verbindungen zwischen den übrigen Städten.
Von Tunis ins weitere Umland hat man die Wahl zwischen normalen und Komfort-Bussen (»Car Comfort«), die man in jedem Fall vorziehen sollte. Die Preise sind niedrig: Die mehr als 500 km lange Strecke Tunis–Nefta kostet ca. 25 tD. Landesweite Busfahrpläne existieren nicht, man muss sich vor Ort nach den Abfahrtszeiten erkundigen. Infos werden an allen Stationen auch in Französisch erteilt. Große Strecken werden auch nachts zurückgelegt.

FLUGZEUG

Von Tunis gibt es regelmäßige Verbindungen zu allen Flughäfen des Landes. Tickets für Inlandsflüge kann man bereits in der Heimat erwerben (Fluggesellschaften Tunisair, Nouvelair und Sevenair). Genauere Informationen erteilen alle Reisebüros. Die Flugpreise im Inland liegen weit unter vergleichbaren in Europa.

MIETWAGEN

Die drei großen internationalen Autoverleiher Avis, Europcar und Hertz sind in allen größeren Städten Tunesiens vertreten. Ein Kleinwagen kostet ab 30 € pro Tag. Günstiger sind die nationalen und lokalen **Anbieter**, deren Wagenpark schon wegen des geringen Umfangs immer sehr gut gewartet ist. Hier kann man auch handeln. Der Verleiher haftet nicht für Abschleppdienst und bestimmte **Schäden** etwa an Reifen und Scheiben. Getankt wird fast nur Super oder Super bleifrei. Das Tankstellennetz ist relativ dicht. Angeboten werden bleihaltiges Normal- und Superbenzin, Dieselkraftstoff und bleifreies Benzin (grünes Schild »sans plomb«). Neuere Tankstellen verfügen wie in Mitteleuropa auch über ein Ladengeschäft (»shop«). Die Autobahnen sind gebührenpflichtig (ca. 1,5 bis 3 tD).

SAMMELTAXI

»Louages«, wie die Großtaxen in Tunesien heißen, sind im gesamten Orient ein beliebtes und effizientes Verkehrsmittel. Sie ergänzen Bus und Bahn bzw. fahren auch dorthin, wo diese passen müssen. Die Halteplätze befinden sich fast immer in unmittelbarer Nähe der Busstationen. »Louages« verkehren in alle Himmelsrichtungen, dürfen nicht mehr als acht Passagiere aufnehmen und fahren erst los, wenn alle Plätze besetzt sind. Der Preis liegt, wenn überhaupt, nur geringfügig über dem auf gleicher Strecke fahrender Busse. Man sitzt zwar einigermaßen bequem, sollte aber bei größeren Entfernungen den Bus vorziehen.

TAXI

Sie sind vergleichsweise billig. In den größeren Städten haben alle ein **Taxameter**, auf dessen Einschaltung man drängen muss. Ansonsten sollten Sie vorher den Preis aushandeln. Von 21 bis 5 Uhr wird ein Nachtzuschlag von 50 % erhoben. Trotz der etwas ungewohnten Fahrweise sind Taxis ein sehr empfehlenswertes Verkehrsmittel. Die Fahrer sprechen jedoch nicht immer Französisch.

ZEIT

In Tunesien gilt die Mitteleuropäische Zeit (MEZ). In den Jahren 2009 bis 2011 folgte das Land wegen des Ramadan jedoch nicht der mitteleuropäischen Sommerzeit. Voraussichtlich bis 2014 beginnt der Ramadan im Juli. Es ist daher zu erwarten, dass es auch in diesen Jahren in Tunesien keine Sommerzeit geben wird.

ZOLL

Zollfrei sind 200 Zigaretten (1 Stange), 2 l Alkohol bis 22 % oder 1 l Hochprozentiges sowie alle Güter des persönlichen Bedarfs in recht weitem Sinne (z. B. Kaffeemaschine, Radio etc.). Video-Ausrüstungen müssen zumindest vorgezeigt werden. Der tunesische Zoll ist im Allgemeinen eher großzügig. Weitere Auskünfte unter www.zoll.de, www.bmf.gv.at/zoll und www.zoll.ch.

ENTFERNUNGEN (IN KM) ZWISCHEN WICHTIGEN ORTEN

	Bizerte	Djerba	El-Kef	Gabès	Gafsa	Kairouan	Sfax	Sousse	Tabarka	Tunis
Bizerte	–	548	290	465	483	224	329	213	147	65
Djerba	548	–	476	87	239	299	223	346	661	487
El-Kef	290	476	–	393	226	181	317	233	121	225
Gabès	465	87	393	–	147	212	136	259	574	400
Gafsa	483	239	226	147	–	209	192	261	347	398
Kairouan	224	299	181	212	209	–	136	52	363	189
Sfax	329	223	317	136	192	136	–	123	438	264
Sousse	213	346	233	259	261	52	123	–	321	147
Tabarka	147	661	121	574	347	363	438	321	–	174
Tunis	65	487	225	400	398	189	264	147	174	–

Kartenatlas
Maßstab 1:2 000 000

Legende

Touren und Ausflüge

○—→● Durch die Kroumirie (S. 96) Start: S. 118, B2

○—→● Oasen in den Bergen (S. 98) Start: S. 120, A6

Sehenswürdigkeiten

MERIAN-TopTen

MERIAN-Tipp

Sehenswürdigkeit, öffentl. Gebäude

✳ Sehenswürdigkeit Kultur

✳ Sehenswürdigkeit Natur

Kirche; Schloss, Burg

Moschee; Synagoge

Sehenswürdigkeiten ff.

🏛 Museum

Leuchtturm

∴ Archäologische Stätte

Verkehr

━━ Autobahn

━━ Autobahnähnliche Straße

━━ Fernverkehrsstraße

━━ Hauptstraße

━━ Nebenstraße

━━ Unbefestigte Straße, Weg

Fußgängerzone

Verkehr ff.

Ⓑ Busbahnhof

Ⓢ Bahnhof

Ⓜ Métrostation

✈ ✈ Flughafen; Flugplatz

Sonstiges

ℹ Information

Theater

Markt

Zoo

Aussichtspunkt

Strand; Oase

Friedhof (muslim., jüd., christl.)

A B C

1

M i t t e l m e

Cap Serrat Tesk

Cap Negro

2 Sejenane

Tabarka 7 Nefza 75

53 52

Aïn Sebaa 9 J. Zebla

28 Babouch 716

20 Aïn Draham

Annaba 44 Hammam Bou Béja

Bourguiba Salem 95 6 Ou

21 16 Fernana Bulla Regia Pont de Trajan Testo

44 17 Thibar 5

Thuburnica Jendouba de Tébŭursŏuk

Oued Melliz 6 Chemtou 10 10 Tébours

Guelma 103 Mts Dougga

20 20 Ghardimaou 39 17 Gaâfour 93 47

Souk-Ahras 20 Touiref 5

30 Sakiet El-Kef 12

Sidi Youssef 88 5 27 5 Zama Sili

5 Minor

Sidi Rabah 71 Sers

17 18 Zannfour 12 4

ALGERIEN Tajerouine Dahmani Elles

(ALGÉRIE) Jerissa El-Ksour Makthar

16 Sarrath 15

1271 Mactaris

4 10 Roghia

Thala 1309 Sbiba

Haïdra 110 71 1378

17 Hajeb el-A

TÉBESSA 10 Sbeïtla 30 3E

Jebel Chambi 38 Sbeïtla C 13

A B 120 24

13 Kasserine 29

Cillium

15 29

1

2

3

4

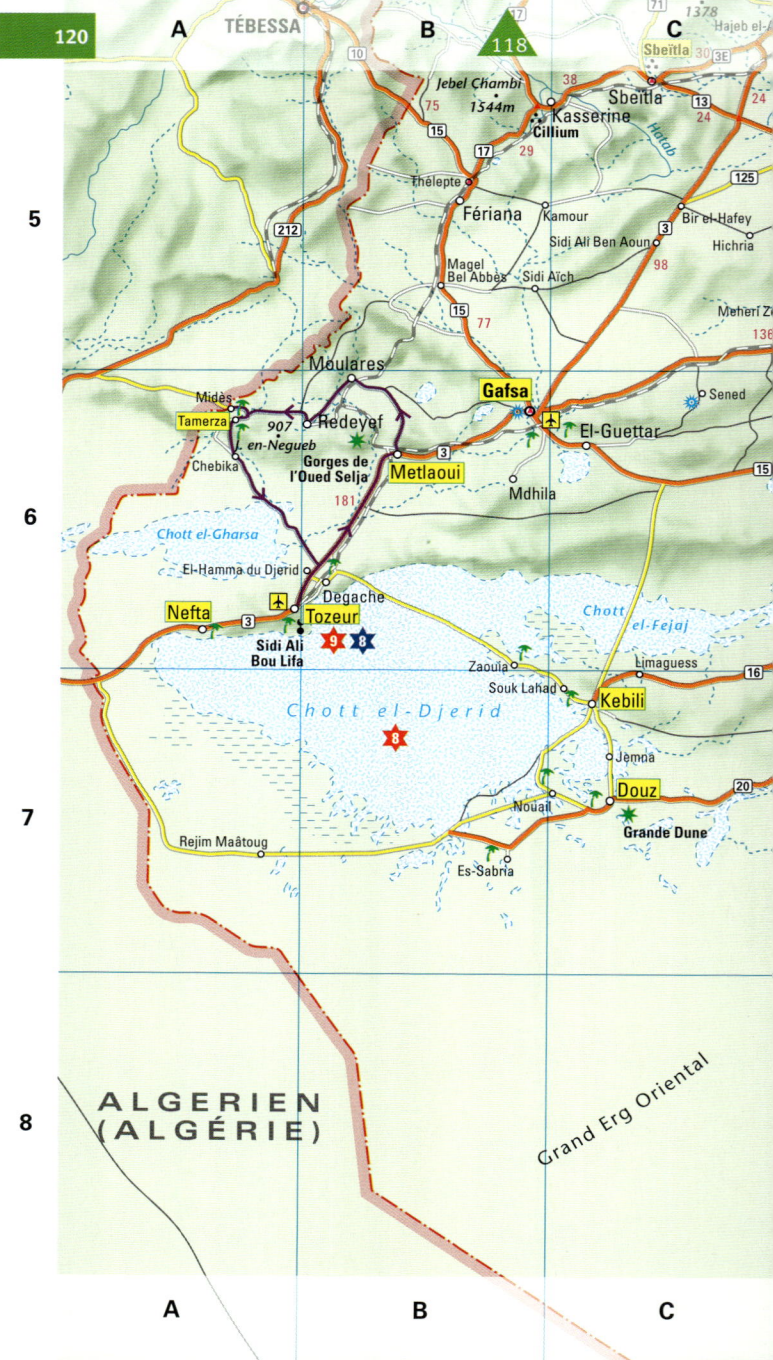

A   TÉBESSA   B   118   C

Sbeïtla

Jebel Chambi
1544m
Kasserine
Cillium

Thélepte
Fériana   Kamour
Sidi Ali Ben Aoun
Bir el-Hafey
Hichria

Magel
Bel Abbès   Sidi Aïch

Mehrerí Z

Moulares

Midès   907   Redeyef   Gafsa   Sened
Tamerza   en-Negueb   El-Guettar
Chebika   Gorges de   Metlaoui
   l'Oued Selja   Mdhila

Chott el-Gharsa

El-Hamma du Djerid

Nefta   Degache   Chott   el-Fejaj
   Tozeur
Sidi Ali   9   8
Bou Lifa   Zaouia   Limaguess
   Souk Lahad   Kebili

Chott el-Djerid   8

Jemna
Douz
Rejim Maâtoug   Nouail   Grande Dune

Es-Sabria

ALGERIEN
(ALGÉRIE)   Grand Erg Oriental

A   B   C

Bou Hajla
Sebkhet ech-Cherita
119
Souassi
Tlelsa
Ksour Essaf
87
112
Nasr Allah
Bge. de Sidi Saad
74
Chorbane
El-Djem
96
Chebba
Melloulèche
Sebkhet er-Rharra
A1
El-Hencha
67
13
81
Limaya
Bir Tebeug
Jebiniana
La Laouza
Sidi Litayem
82
Menzel Chaker
13
5
2
Regueb
72
Sidi Mansour
El-Kheraïb
35
61
Sakiet Ezzit
El-Ataya
14
SFAX
Er-Remla
Bir Ali Ben Khélifa
Tyna
Mellita
Kerkennah-Inseln

Mezzouna
50
Graïba
Nakta
Mahrès
Sidi Moh. Nouiguez
1
Ile Khereïss
Sebkhet n-Noual
83
Sidi Mheddeb
Skhira
Golfe
Menzel Habib
50
de Gabès
1

Oudref
Ghannouche
Karte siehe Seite 75
6
Metouia
Gabès
Houmt Souk
El-May
Chenini
Téboulbou
Borj Jillij
La Ghriba
Djerba
Kettana
Midoun
Ajim
Meninx
i Guenaou
107
79
Zarat
Jorf
Dar Bibine
Borj Kastil
Mareth
116
El-Kantara
Tamezret
Matmata
Bou Grara
Golfe de Bou Grara
Hassi Jerbi
Arram
Sidi Chammakh
Toujane
Sidi Makhlouf
Gigthis
115
7
Téchine
118
Zarzis
El-Hallouf
Metameur
Medenine
Naoura
Béni Kheddache
1
Djeffara
Sidi Sayah
19
115
77
Ghomrassen
Sidi Mosbah
111
Ben Guerdane
1
Guermessa
Kirchaou
Chenini
Tataouine
Taguelmit
Douiret
6
Krachaoua
128
8
19
Remada
Borj Machehed Salah
Borj Bourguiba
D
E
0 30 km
© MERIAN-Kartographie
N

Kartenregister

Zeichenerklärung

○	Orte
∆	Kap, Insel
▲	Gebirge
∞	Landschaft
~	Gewässer, Strand
★	Sehenswürdigkeit

Orts- und Sachregister

Wird ein Begriff mehrfach aufgeführt, verweist die **fett** gedruckte Zahl auf die Hauptnennung, eine *kursive* Zahl auf ein Foto.
Abkürzungen:
Hotel [H]
Restaurant [R]

Liebe Leserinnen und Leser,
vielen Dank, dass Sie sich für einen Titel aus unserer Reihe MERIAN *live!* entschieden haben. Wir freuen uns, Ihre Meinung zu diesem Reiseführer zu erfahren. Bitte schreiben Sie uns an merian-live@travel-house-media.de, wenn Sie Berichtigungen und Ergänzungen haben – und natürlich auch, wenn Ihnen etwas ganz besonders gefällt.

Alle Angaben in diesem Reiseführer sind gewissenhaft geprüft. Preise, Öffnungszeiten usw. können sich aber schnell ändern. Für eventuelle Fehler übernimmt der Verlag keine Haftung.

© 2012 TRAVEL HOUSE MEDIA
   GmbH, München

MERIAN ist eine eingetragene Marke der
GANSKE VERLAGSGRUPPE.

1. Auflage

**BEI INTERESSE AN DIGITALEN DATEN
AUS DER MERIAN-KARTOGRAPHIE:**
kartographie@travel-house-media.de

**BEI INTERESSE AN
ANZEIGENSCHALTUNG:**
KV Kommunalverlag GmbH & Co. KG
MediaCenterMünchen
Tel. 0 89/92 80 96 0
info@kommunal-verlag.de

TRAVEL HOUSE MEDIA
Postfach 86 03 66
81630 München
merian-live@travel-house-media.de
www.merian.de

PROGRAMMLEITUNG
Dr. Stefan Rieß
REDAKTION
Susanne Kronester
LEKTORAT
Ewald Tange, tangemedia, München
BILDREDAKTION
Nora Goth
SCHLUSSREDAKTION
Gisela Wunderskirchner
SATZ
Ewald Tange, tangemedia, München
REIHENGESTALTUNG
Independent Medien Design,
Elke Irnstetter, Mathias Frisch
KARTEN
Gecko-Publishing GmbH
für MERIAN-Kartographie
**DRUCK UND BUCHBINDERISCHE
VERARBEITUNG**
Stürtz Mediendienstleistungen, Würzburg

Ein Unternehmen der
GANSKE VERLAGSGRUPPE

PEFC/04-31-1404

BILDNACHWEIS
Titelbild (Ez Zitouna in Tunis), look-foto: I. Pompe
Alamy: JoeFoxTunisia 22 • Bildagentur Huber: R. Schmid 28, 34/35, 50, 63, 86 • Corbis: Demotix/W. Sannene 21 • dpa picture alliance 26 • f1online 64 • FVA Tunesien 97 • R. Henss 9, 43 • imago: H. Hardt 94/95 • H. Lade 54 • laif: Huber 80, G. Gil/hemis.fr 36, P.S. Kristensen 70, Le Figaro Magazine 102, R. Mattes/hemis.fr 10/11, 14, 17, St. Frances/ Hemispheres Images 12, X. Zimbado 2 • look-foto 4, 49 • mauritius images/Alamy 24, 41, 53, 60, 79, 90, Cuboimages 32, imagebroker/S. Auth 83 • Photononstop: N. Thibaut 30 • H. G. Roth 73 • Schapowalow 100/101 • shutterstock: I. Grochev 98, N. Hora 66, nuno91 69, I. Olena 44, WitR 58